Marc Senzier

Souffle du Budō

Recueil de chroniques d'un Budō-Ka en quête de l'être.

À mes maîtres, d'hier et d'aujourd'hui, qui m'ont ouvert la Voie et me donnent l'envie irrésistible d'y cheminer encore et encore.

Du même auteur :

Aïki-Jo, enseignements fondamentaux. Édition BoD™ - Books on Demand

Aïki-Ken et Ken-Jutsu. Édition BoD™ - Books on Demand

Texte ® Senzier Marc

Édition : BoD™ - Books on Demand, 12/14 rond-point des Champs Elysées, 75008 Paris, France.
Imprimé par BoD™ - Books on Demand GmbH, Norderstedt, Allemagne.

ISBN n° 9782322030248

Dépôt légal : février 2013

Préalable.

Enrichir ses connaissances sur les fondements du Budō, mais aussi sur son origine culturelle et philosophique, permet une meilleure compréhension ainsi qu'une meilleur assimilation des principes techniques.

L'ouvrage traite du Budō, et plus particulièrement de l'Aïkido en tant que Dō. Le lecteur pourra aisément adapter la réflexion à tout autre discipline martiale ouvrant sur la Voie.

Les textes, les contes ainsi que les éditoriaux proposés ont été écrits en grande partie pour le journal de l'Ecole d'Aïkido Aïki-Ryu qui devint l'Ecole Shin Do Aïki Ryu en 2007.
Les textes ne sont pas reproduits ici en fonction leur chronologie mais sont regroupés par thèmes. Certains articles sont redondants, ils donnent cependant un autre angle d'approche, éclairant le sujet d'un nouveau regard.

Toute approche de la compréhension d'une vérité n'est qu'un reflet interprété de cette même vérité. La vérité absolue peut revêtir alors un tout autre aspect et s'exprimer bien différemment d'une personne à une autre, y compris chez une même personne pour qui la compréhension évolue avec le temps.

Écrire, c'est alors prendre le risque de fixer une fausse-réalité, de se pétrifier et donc, de mourir avant l'heure.
Fasse alors que les lignes qui suivent puissent un jour s'effacer et renaître de leur encre.

Sommaire.

1° Partie. Dō, la Voie
    La Voie   11
    Naissance d'un Budō-Ka   12
    Éditorial   15
    Bu-Jutsu et Budō   16
    Quête   17
    Nostalgie et Avenir   18
    Éditorial   19
    Énergie   20
    Rythme et Souffle   21
    Michi, la route du Dō   22
    Éditorial   27
    Jo, Ha, Kyu   28

2° Partie. Matière de base
    Les sentiers de la montagne   33
    L'Aïkido : Ni sport de combat...   34
    L'arbre aux Multiples ?   38
    Éditorial   40
    Aïki, du Jutsu au Dō   41
    Ego   43
    Éditorial   45
    Être et Devenir   46
    Giri   48
    L'illusion ou le piège confortable   50
    Budō, Voie de réalisation de l'être   52
    Éditorial   55

3° Partie. Principes
    Bon Maître, bon élève   59
    Mushin no Shin   60
    Stage avec Philippe Gouttard   63

Agir en tant que Sempaï	65
Shintō, religion des dieux...	71
Le Ki...	73
Metsuke, Seme et Zanshin	76

4° Partie. Techniques

Le sommet de la montagne	83
Mokuso	84
Apprendre à marcher avant de...	86
Kokyu Nage	88
Relation Uke - Tori	89
Omote et Ura	91
Taï Sabaki	92
Art du Ukemi	93
Uchidachi, ...	94
Éditorial	96
Longévité, ...	97
Le long chemin	98

Conclusion

Où mène la Voie ?	100
Réflexions sur la Voie	101

Lexique	102

1° Partie

Dō, la Voie.

La Voie.

Décembre 2012.

L'élève interroge le maître :

« Maître, où est la Voie ?
- Elle n'est en aucun lieu.
- Mais, Maître, vous la connaissez, vous nous en parlez souvent.
- Je la connais suffisamment pour dire que la Voie n'existe pas.
- Mais alors, Maître, comment puis-je trouver la Voie ?
- Le plus simplement du monde, répond le maître en souriant, en décidant d'y cheminer. »

Oku-Iri-Sho
(certificat de " celui qui est entré ")

Introduction.

Naissance d'un Budō-Ka.

Enfant dans les années 70, je voulais pratiquer les arts martiaux. Le paysage audio-visuel commençait à être envahi par des films et des séries télévisées où sagesse rimait avec expertise et dextérité martiale. C'était l'époque de Kung-Fu et, bien entendu, les films du grand petit-dragon : Bruce Lee.

À l'époque, je n'ai pas pu me diriger vers mon choix premier qui était l'Aïkido, ce qui fut en fait une vrai chance. Je me suis donc essayé au Judo comme un grand nombre d'enfants, mais je n'y ai pas trouvé ce qui nourrissait mes rêves de Budō, rêves que je ne nommais pas encore ainsi. J'ai donc laissé mon imaginaire d'enfant construire une sorte d'idéal martial.

Je n'avais pas un penchant pour le combat et les affrontements. Au contraire, j'affichais un comportement pacifiste si bien qu'en général c'est moi que l'on venait molester, d'autant que j'avais un visage d'ange avec une longue chevelure blonde, comme celle d'un autre héros de B.D. : Rahan, le fils des âges farouches, ce qui me donnait un aspect androgyne.
J'ai beaucoup enduré, et les rares fois où j'ai tenté de me défendre, j'ai reçu d'autant plus que je voulais résister. Les garçons du quartier sensible dans lequel je vivais, quartier qui devint plus que très sensible quelques années plus tard, étaient aguerris aux rixes, et certains, déjà très jeunes s'organisaient en bande. Autant dire que je n'avais pas beaucoup de chance contre eux.

Un autre point qui n'était pas à mon avantage était le fait que mon père, divorcé, ne vivait pas avec nous. Et je n'avais qu'une sœur, plus petite. Aux yeux des prédateurs, j'étais alors une cible seule et sans défense potentielle. Mais ceci aussi fut une vrai chance.

J'avais parmi mes amis un garçon avec un handicap important. Il avait une jambe qui ne grandissait pas comme l'autre, ce qui fait qu'il boitait et était régulièrement opéré. Malgré mes déboires dans le quartier, j'avais un fort potentiel à le défendre, mais je ne m'en rendais pas forcément compte.

Un événement marquant eu lieu à l'époque où j'étais collégien. Un dur des durs, plusieurs fois redoublant et donc plus âgé, faisait loi. Par mégarde, je lui passai devant alors que j'avais resquillé une place en coupant la file d'attente de la cantine, plus vigilant sur la position des surveillants que sur les élèves alignés.

Le dur à cuire s'en prit à moi verbalement me menaçant de prendre une " rouste " de sa part, car je n'avais selon lui pas d'autre choix que de l'affronter en duel. Mais il n'était pas question de rater le repas. Nous prîmes nos plateaux et nous mangeâmes face à face en nous dévisageant du regard. Il me demanda où je souhaitais que nous nous battions, la date et l'heure étant fixées puisqu'il n'attendrait pas plus longtemps que la fin du repas. Il y avait le préau et la cours de récréation, proches des surveillants et de l'infirmerie, mais nous avions accès au plateau sportif entre midi et quatorze heures bien plus éloigné. Ne souhaitant pas afficher de faiblesse, je lui proposai ce dernier lieu en argumentant que nous aurions du temps pour en découdre avant que les surveillants ne soient alertés et nous rejoignent. Il acquiesça, mais me proposa un lieu où aucun surveillant ne viendrait pas quoiqu'il arrive. Ne bronchant pas, j'acceptai sans vraiment croire à un tel lieu et nous finîmes notre repas sans aucun mot.

En sortant du réfectoire, il m'orienta vers un lieu caché que je ne connaissais effectivement pas malgré mes quatre années passées au collège : sous un escalier et derrière un muret. Sur le coup je me dis que j'allais dérouiller sérieusement d'autant qu'il n'était pas à sa première exclusion pour violence aggravée.

Je me mis face à lui, les bras le long du corps. Il adopta une position de garde de type boxe et commença à s'avancer vers moi. Immobile, je le laissais venir à moi. Je n'avais pas vraiment de stratégie, je le savais plus fort que moi, ma seule chance était de m'agripper à lui pour essayer de lui placer un étranglement, mais aussi et surtout, pour éviter ses coups. Je le laissais donc venir plus près, toujours immobile.

Paradoxalement, et inversement proportionnellement au danger que j'encourrais, j'affichais un grand calme. Il s'arrêta un peu surpris par ma garde sans garde. Il lâcha un sourire de désolation et me fît remarquer que, dans cette position, je n'avais aucune chance et que j'étais bien trop vulnérable. Il m'invita à monter un poing en protection vers le visage, l'autre

plus bas vers les parties génitales pour les défendre d'un coup de pied éventuel. Restant immobile, toujours les bras le long du corps, je lui répondis que je n'étais pas là pour recevoir une leçon sur le combat, que s'il voulait se battre qu'il attaque, et que l'on verrait ensuite ce qui se passe. Il reprit sa position de combat et commença à sautiller à la manière d'un Karaté-Ka ou d'un boxeur, jaugeant mes réactions.
Je n'en avais aucune, je le fixais du regard, d'un regard neutre n'exprimant aucune émotion. Peut-être d'un regard vide parce qu'au fond résigné, peut-être d'un regard déterminé parce que je n'avais pas droit à l'erreur. S'il cherchait l'ouverture pour attaquer, il l'avait à tout instant parce qu'à aucun moment je ne me suis mis en garde.

À ce moment là, il s'arrête, abasourdi par mon absence de réactivité. Il rigole parce qu'il est persuadé que cela va être facile, mais peut-être rit-il aussi parce qu'il commence à douter ? Je ne romps toujours pas ma garde sans garde.
Il survient alors une chose inattendue : il me propose de m'entraîner un peu au combat, arguant que ce sera trop facile pour lui. Il s'approche de moi, m'attrape un poing, le place à hauteur de visage, nous sommes à distance fatidique. Je relaisse tomber ma main et lui dit avec une grande détermination, yeux dans les yeux, à distance de souffle, que s'il veut attaquer qu'il le fasse. Il me fixe de son regard noir et je vois mon reflet dans ses yeux. Il me fixe encore et encore, je suis toujours immobile.
Il recule un peu. Puis me dit que j'ai du courage, que cela lui plaît et que c'est pour cela qu'il ne se battra pas contre moi. Il fait une esquisse de geste de combat comme pour me tester une dernière fois, puis s'éloigne.
La tension baisse. je respire. Je sens les muscles de mon dos se relâcher, mes poumons se remplissent d'air : oui, je respire.

Je ne savais pas, à l'époque, que je venais de remporter mon premier combat sans combattre. Mais cette expérience ne suffit pas à faire naître un Budō-Ka. Non ! Pour y parvenir il faudra que le jeune garçon que j'étais s'aventure beaucoup plus loin, beaucoup plus tard. Il lui faudra endurer bien d'autres épreuves et s'attaquer de manière plus subtile à un ennemi bien plus terrible.

Éditorial.

Février 2011.

Le geste martial ne s'apprend qu'en l'expérimentant de très nombreuses fois.

Aucun livre ni autre support ne remplacera le vécu où l'interaction Corps-Esprit nous amène plus loin au plus près de nous-même.

Cependant, les principes théoriques ainsi que les enseignements philosophiques peuvent s'appréhender par la lecture, la réflexion ou la méditation. Ils pourront alors être reconnus ou vérifiés lors de la pratique.

Keïko (pratique, entraînement)

Bu-Jutsu et Budō.

Janvier 2013.

Comment un barbare sanguinaire s'assagit-il soudainement et adopte les préceptes du Zen, du Bouddhisme ou du Shintō ? Comment un Bu-Jutsu, un art de guerre, peut-il transformer un guerrier en homme de paix ?
Oui, il existe des paradoxes eux mêmes très paradoxaux.

Peut-être trouverons-nous une réponse si nous la cherchons dans l'équilibre : équilibre entre férocité et sagesse, équilibre entre humanité et divinité.
Car comment ne pas sombrer dans la folie lorsque l'on a connu l'acte guerrier qui vole la vie d'autrui ? Comment vivre face aux regards des autres lorsque dans ceux-ci apparaissent les fantômes du passé ? Comment trouver une justification plausible qui mènerait au pardon, si le pardon peut encore être obtenu ?

L'équilibre est nécessaire. Il est nécessaire à la cohésion d'un individu, d'un groupe, d'une société. Là est le ciment qui a permis aux Bushis japonais la résolution de ce paroxysme : les préceptes du Bushidō équilibrent les tensions et harmonisent l'homme et son passé par une justification socio-politico-religieuse. Les actes guerriers s'inscrivent alors comme nécessaires au maintien de l'ordre, et se justifient parce qu'ils sont au service de la collectivité, ajoutant ainsi à la sensation de don de soi, comme le prescrivent les préceptes dispensés qu'ils soient philosophiques, spirituels ou religieux. Préceptes qui mèneront à l'endoctrinement d'un peuple sur plusieurs siècles et qui aboutiront à une conception suicidaire du sacrifice humain jamais inégalée.
Mort, ayant accompli son devoir envers la société, le noble guerrier pourra renaître dans l'au-delà et accomplir alors son destin personnel.

Le Budo, héritage du Bu-Jutsu, a la force de pouvoir concilier le passé et le présent. Il permet de renouer avec l'idéal chevaleresque. Aucun art guerrier n'avait jusqu'à lors adopté la spiritualité à un aussi haut degré.

Quête.

Janvier 2013.

La véritable noblesse s'acquiert par les actes. Actes de bravoure, actes de témérité, actes de courage remplissent les histoires chevaleresques aux quêtes glorieuses. Si la réalité est très largement dépassée par les contes et les légendes, elle contient cependant un désir de justice et un espoir d'avenir, les plus souvent alimentés par les rêves innocents d'une jeunesse inconsciente.

Notre société, soumise aux paroxysmes les plus vils, fourvoie l'homme et l'oblige à revêtir une armure bien moins noble que celle des preux chevaliers. Cette armure s'appelle cupidité, mensonges, indifférence, quand ce n'est pas vols, viols, cruauté, et pire encore.

Fort heureusement, il reste en quelques hommes des rêves de grandeur d'âme.

Réaliser ces rêves n'est pas chose facile et se mettre en quête s'apparente alors à une nouvelle forme de croisade. Mais point de rêve de conquête, point de martyr nécessaire, la quête invite à cheminer vers un lieu parfois bien plus éloigné qu'une lointaine destination exotique, à travers un sentier escarpé, sinueux, difficile à suivre, et dont la destination au final sera si proche : soi-même.

Kasumi (brouillard)

Nostalgie et Avenir.

Janvier 2013.

Comme pour les choses du passé, qui sont toujours magnifiées lorsque le temps a poli les mémoires, gommé les imperfections et embelli les souvenirs, la nostalgie d'un temps où tout était forcément mieux nous abuse en y juxtaposant nos rêves de quête d'un idéal perdu.

Mais il ne s'agit pas de chercher à ressusciter un passé magnifié. Au contraire, il s'agit de construire un réel avenir en adéquation avec les vœux d'aujourd'hui.

Oui, nous devons préparer un futur meilleur dès aujourd'hui. Il ne s'agit pas de formuler des promesses dont on sait qu'elles ne pourront être tenues, mais de se décider à agir.

Il ne s'agit pas non plus de proposer des actions de grandes envergures ou difficiles, uniquement parce qu'elles seraient en vogue ou socialement admises comme de bonnes actions, mais d'agir modestement en fonction des possibilités de chacun.

Oui, nous devons agir sincèrement selon nos convictions, plutôt que d'agir par souci du socialement correct.

Éditorial.

Avril 2006.

Le boulanger est alchimiste : En mélangeant quelques ingrédients, il crée une chair nourricière.

Comme cet artisan, nous façonnons nos techniques en les pétrissant inlassablement. Notre matière première, c'est notre partenaire.

Si nous comprenons que les techniques ne sont pas appliquées pour le blesser, nous pouvons le blesser involontairement dans sa chair mais aussi dans son être.

Faisons en sorte d'avoir toujours une attitude valorisante et dégustons ensemble le produit de la rencontre harmonieuse des énergies.

Aï (harmonie, union)

Énergie.

1998.

Le Ki, l'énergie, le souffle vital, est une force en rapport avec l'essence de la vie. Elle peut être considérée comme un principe qui active l'univers. Source de vitalité, elle assure la cohésion des êtres et des choses.

C'est aussi la dynamique du Taö, le Yin et le Yang. Elle est partout, tout le monde la possède. La seule difficulté est de la reconnaître, de renaître avec, de la laisser agir, de tenter de la contrôler. Sa disparition entraîne le chaos, la mort des organismes vivants ainsi que la destruction de la matière.

Dans le Budō, la souplesse est la pierre angulaire de toute progression. La première étape est la suppression de la force rigide par relâchement et décontraction, pour acquérir la souplesse, nécessaire à l'apprentissage technique. Vient ensuite le travail sur la fermeté, à ne pas confondre avec la force rigide. Cette étape permettra de réaliser les techniques de manière rigoureuse. La dernière étape sera le travail d'alliance entre souplesse et fermeté, permettant un accès à l'énergie interne.
La technique devient puissante par l'utilisation correcte du Ki. Dans le geste martial, la détente est soudaine, explosive, puissante. Le son, en accord avec le geste, peut en augmenter l'intensité : c'est le Ki-Aï.

L'alchimie de l'Aïkido vient de la surenchère du travail sur l'énergie. La pratique entière est basée sur la dynamique du Taö: Uke devient Tori, Tori devient Uke, exécute Omote et Ura, activant ainsi le Yin et le Yang qui s'opposent, se relient et se contiennent mutuellement. L'énergie peut alors circuler pleinement dans, et par, cette dynamique.

Le Budō nous enseigne que l'on ne peut s'élever seul, tout comme en Aïkido où Tori n'est rien sans Uke, et qu'il est vain de vouloir maîtriser l'énergie si l'on ne la laisse pas circuler. Il enseigne aussi que seule la pratique régulière et entière est la véritable voie ou toute la mécanique énergétique se mettra naturellement en application.

Rythme et Souffle.

Février 2007.

La Vie est histoire de rythmes et d'alternances, elle commence par un inspire et se termine par un expire.

Au premier inspire, in-spirare ou in-spiritus : dans l'esprit, mais aussi par extension l'esprit dedans, l'esprit prend vie dans ce corps qui en devient le support matériel. Le corps uni et lié à l'esprit vit, s'agite, respire, inspire et aspire à une meilleure condition humaine.

Le dernier expire est celui de la mort qui, selon la conviction de chacun, peut ouvrir de grands débats entre philosophie et théologie.
C'est le moment où l'esprit est rendu, et peu importe ici de savoir à qui ou à quoi, l'esprit est dehors ou bien n'est plus, selon ses propres croyances. Lorsque le dernier expire passif souffle la vie : le corps se meurt alors.

La Vie est histoire de rythme et d'alternance, Souffle et Vie sont intimement liés. Dans le Budō, c'est Shin Kokyu, principe qui englobe l'échange, la respiration, l'ouverture et la fermeture, le flux et le reflux, mais aussi In et Yo, Yin et Yang en chinois.

Shin Kokyu

Michi, la route du Dō

Avril 2003.

Certaines pratiques, dites martiales, se sont engagées à corps perdu dans des voies sportives et, leur démocratisation aidant, se sont coupées de l'essence même du Budō. Dans bien des cas, ces disciplines affichent à la vue de tous les règles nobles de conduite, s'y référant parfois pour justifier la moralité ou les bienfaits de l'éducation reçue aux travers d'elles, alors qu'il semble qu'elles ne les appliquent plus depuis longtemps.
Contestations des décisions prises par les arbitres, Flacons vides de gel-douche «volontairement oubliés» dans les salles de douches ou vestiaires, Pansements souillés de sang jetés à même le bord du tatami... les respects des autres, des lieux comme des règles sont fréquemment bafoués : le Dō, aujourd'hui, n'est-il plus ?

Il ne s'agit pas ici de critiquer ou de porter un jugement sur telle ou telle discipline, car même dans certains Budō fortement rattachés à leurs racines, nombreux sont les pratiquants qui n'ont pas l'attitude de l'élève cheminant sur la Voie, Michi en japonais, dont l'idéogramme est aussi prononcé Dō.

En Aïkido de lignage Aïkikaï, car cela peut être très différent pour d'autres lignées ou arts martiaux utilisant ce terme pour désigner aussi la discipline pratiquée, l'absence de compétition est dite le garde-fou à la dérive sportive. Mais l'on peut constater, ici aussi, que Michi n'est que peu apparent. De nombreux pratiquants ne sont pas des élèves engagés dans la Voie et participent involontairement à une autre dérive : celle de l'Activité de loisir. Ne dit-on pas : je fais de l'Aïkido, comme on dit que l'on fait du Jogging, du Squash ou du Shopping ?

Cette sournoise dérive vers l'activité de loisir s'accentue avec la démocratisation de la discipline, et le développement de l'Aïkido pour enfants y participe sûrement aussi. Ainsi les clubs peuvent comptabiliser leur nombre de licenciés. Le professeur peut dire : j'ai tant de licenciés cette saison. Il ne s'agit pas ici de savoir qui en a le plus. Quelle serait sa réponse si on lui demandait : Combien d'élèves avez-vous ?

Pour ma part, il existe un décalage important entre le nombre de licences souscrites et le nombre d'élèves sincèrement engagés. Lorsque les Budō étaient confidentiels, il fallait souvent plusieurs lettres de recommandation et parfois plusieurs années d'épreuves pour être accepté comme élève (l'attribution de l'Hakama en est-il la symbolique ?), cette question ne se serait sûrement pas posée.
A contrario, ce qui a permis de conserver l'héritage ancestral des écoles traditionnelles japonaises, qui se serait sûrement perdu petit à petit, est bien leur démocratisation, avec leurs lots de dérives possibles et la perte de vue du chemin accomplissant l'Homme sur la Voie.

Les voies à objectifs sportifs et compétitifs sont relativement courtes, car le haut potentiel physique requis est indispensable à la réussite dans la pratique. Les « vieux » restent alors avec leurs bons souvenirs, leurs regrets ou leurs blessures. La véritable Voie, quant à elle, est bien celle d'une Vie. Pour la plupart des Budō, des années de pratique sont nécessaires pour l'obtention de grades avancés. Ainsi, même si l'on a commencé la pratique relativement jeune, ce niveau ne s'atteindra qu'à un âge dit de raison.

Contrairement à une démarche de loisir, où intrinsèquement le plaisir procuré est un objectif annoncé, le Dō nécessite beaucoup de travail ainsi que de perpétuelles remises en question s'accompagnant souvent de la déception d'être obligé de différer ses attentes comme ses plaisirs. Pour l'élève, le Dō devient très vite exigeant, voire boulimique si l'on veut constater quelques progrès flatteurs. Ainsi ses règles, concepts et obligations vont envahir la vie quotidienne, déteignant sur la famille, le travail comme sur les loisirs. Des efforts conséquents devront être fournis afin que des transformations s'en fassent ressentir sur l'être et son comportement.
À cette heure, ceux qui y sont venus uniquement pour le loisir en ont trouvé un autre depuis longtemps. Le pratiquant sincère n'est alors plus entouré que de quelques-uns de ses camarades « de promotion » et d'un nombre important de nouveaux, dont on sait déjà que seule une infime partie sera encore présente dans dix ans.

Sur la Voie de l'Aïkido, les passages de grade Dan sont des moments d'évaluation nécessaires... et très souvent, un mal obligé. Le candidat sincère s'y engage sur les conseils avertis de son professeur. La remise en question suite à un échec ne concerne pas le pratiquant « loisir » qui aura le sentiment d'avoir été évincé ou sanctionné à tort, souvent appuyé par son professeur qui aura vite fait d'en critiquer le Jury. La décision finale pourra alors être de continuer « à faire » de l'Aïkido au sein douillet du club, sous l'aile protectrice du professeur qui est peut-être à l'origine même de l'échec. Pourtant l'évaluation est un moment important, incontournable, qui après efforts, persévérance et réussite, entraînera sûrement plaisir ou satisfaction. Enfin ! la reconnaissance par ses pères et ses pairs... Mais ce plaisir en est-il la finalité ? ou bien : la satisfaction procurée s'accorde t-elle à marquer l'accession à une étape qui devient un repère observable dans l'évolution de l'élève ?

Comme tout système, le système actuel fédéral des examens de grades Dan en France comporte ses défauts. Certains diront que des grades sont attribués ou refusés par connivence, négociation ou vengeance. Certes, cela peut effectivement se produire. Faut-il pour autant vouloir appliquer un système indépendant de grade d'école et se réconforter entre soi ? Ne serait-ce pas là une illusion sur la Voie ? Ou l'illusion serait-elle de vouloir harmoniser « le non-harmonisable » ?

Quoi qu'il en soit, l'examen est un moment d'évaluation ponctuel où stress et déception en cas d'échec sont à la hauteur des ambitions du candidat. Pouvons-nous sincèrement juger ce candidat sur un quart d'heure, après des heures passées à attendre en Seïza, lui qui est observé par sa famille, ses amis, son professeur ou parfois ses propres élèves ? Un quart d'heure suffit-il à exprimer le travail fourni pendant les années précédentes ? Sur ces questions, les pratiquants engagés sont soumis encore ici à l'incertitude et une dérive du chemin y est possible.

Le pratiquant en situation d'échec se doit pour autant de relativiser car, au fond, c'est bien à un examen qu'il se présente. Que ce soit le baccalauréat, le brevet d'état d'éducateur sportif, un concours d'admission à un poste ou une formation, l'examen reste un examen. Et en s'y inscrivant, on y accepte ses règles. La démarche doit être sincère. Ne pas respecter les règles ou les critiquer ne revient-il pas alors à tricher ? Ceux qui trichent sont-ils alors des pratiquants sincères ? Et que faire lorsque les règles sont bafouées par les instances organisatrices ?

Si les règles deviennent injustes alors elles doivent être changées. Mais ce n'est pas en abandonnant que l'on y arrivera : c'est en persévérant, en se formant, en prenant la relève, que l'on pourra s'exprimer et les faire avancer ou changer. Ceci fait partie de la Voie, car la Voie, en elle-même, n'est pas immuable : ce qui l'est, c'est la sincérité des intentions de ceux qui y cheminent. Avant tout, il ne faut pas perdre de vue Michi et ses ambitions en tant que Dō.

Et nous ne sommes pas seuls sur le chemin. Il y a les Anciens, les Sempaï qui ne le sont que parce qu'ils en ont la bienveillante attitude. Il y a les Senseï qu'ils soient Maîtres, experts ou simples professeurs. Il y a les plus jeunes (pas forcément en âge) avec de grandes et souvent de pures ambitions. Il y a aussi ceux qui suivent plusieurs Dō : Iaïdo, Jodo, Kendo, Battodo ou autre art martial, et cela fait partie de leur chemin. Il y a ceux d'aujourd'hui, comme il y avait ceux d'hier. Il y aura ceux de demain et dont certains sont déjà, ou encore, là aujourd'hui.

Chacun étudie à son rythme, et cette étude nous amène invariablement vers des remises en cause. D'une part il faut persévérer dans l'étude du geste pour progresser physiquement et mentalement. D'autre part, il faut s'adapter à tous les changements qui vont s'opérer. La progression nous place face à des prises de conscience qui affectent ainsi notre comportement gestuel comme notre raisonnement mental. En faisant descendre la conscience dans le geste, de nouveaux détails techniques accessibles élargissent notre champ de conscience.

Ce que nous serons demain sera donc différent de ce que nous sommes aujourd'hui : c'est là l'idée même de la Progression. Et ce que je pense aujourd'hui sera peut-être, ou sûrement, différent demain. L'esprit, Shin, évoluera au rythme de la progression et de l'engagement dans la Voie. Il s'ouvrira et s'élargira naturellement car il aura agrandi son propre champ de conscience. Shin deviendra Maître de ses pensées.

Parallèlement, ce que je suis physiquement sera différent demain, et viendra un jour où le corps, Taï, s'affaiblira. Seule alors la Technique, Gi, travaillée, forgée, et répétée inlassablement, permettra d'être accomplie par un Taï vieillissant avec une puissance qu'un pratiquant plus jeune n'aurait peut-être jamais imaginée. Gi s'est perfectionnée, le pratiquant en a maintenant la maîtrise. Il en est devenu Maître, même s'il n'a jamais enseigné. (Il existe une confusion dans la langue française où le même mot est utilisé pour désigner celui qui enseigne et celui qui a la maîtrise.)

Ainsi, Michi nous accompagne dans notre vie quotidienne. Il est devenu en somme notre chemin de croix, notre credo, notre Dō. Il guide nos pas et nous impose d'accorder nos intentions à nos paroles comme à nos actes. Il vise à nous rendre Un avec soi-même pour devenir enfin Un avec les autres. Pour qu'il nous accomplisse en tant qu'homme réalisé, Michi s'accompagne aussi de Giri qui se traduit, au sens figuré, par un ensemble de règles de conduite et d'obligations morales : Acceptation des règles, Respect des anciens, Devoir de transmission des connaissances, Engagement moral suite à une parole donnée…

N'est-ce pas cela que l'on appelle une Discipline de Vie ?

I Aï Dō
(Être - Harmonie - Voie)

Éditorial.

Novembre 2006.

En Aïkido, la progression ressemble parfois à un combat titanesque tel celui de l'enfant qui voudrait vider la mer avec son petit seau.

L'écume des vagues favorise l'érosion de notre volonté et parfois s'échoue là et lasse notre motivation...

Il est alors important de gravir chaque marche une par une et d'accepter les « paliers de décompressions ».

Sachons garder l'état d'esprit du débutant, curieux et émerveillé, et n'oublions pas que le plaisir de la pratique est à lui seul un Trésor pour le Corps et l'Esprit.

Sho Shin Sha (débutant)

Jo Ha Kyu

Octobre 2012.

Le théâtre Nō est né dans une civilisation où le sabre avait la même importance que le Shintō, le Zen, ou le Bouddhisme. C'est pourquoi de nombreux principes et éléments sont communs avec le Budō, et parmi eux : Jo Ha Kyu.

Jo Ha Kyu est une caractéristique désignant le rythme, ou plutôt les changements de rythme, du théâtre Nō. En petit résumé, ce sont les 3 rythmes qui s'enchaînent : le lent, le normal et le rapide associés au commencement, au milieu et à la fin, où la tension dramatique est de plus en plus grande.
La phase Jo introduit l'histoire et les personnages, et pose les bases de leur relation. Ha est le moment où l'action naît, il s'agit souvent d'une cassure avec le rythme précédent, et où la tension engendre l'action. Kyu est le moment où l'action arrive à son terme, parfois dans l'urgence ou la rapidité. Ce dernier moment d'une très grande intensité est l'aboutissement des deux phases précédentes sans lesquelles on ne peut ni le comprendre ni l'apprécier.

Dans le Budō, le rythme se met en place avec la progression. Au début, le pratiquant est toujours trop précipité, son manque de maîtrise amplifie cette précipitation : c'est tout comme si l'on commençait par la phase finale Kyu, sans aucun préalable. Avec un peu de pratique, Ha se met en place, c'est la phase où le pratiquant travaille les principes qui régissent la discipline pratiquée. Mais il faudra beaucoup de temps encore pour que Jo naisse dans l'esprit et prenne corps.

Si l'on observe bien, on peut constater que chaque rythme peut être décomposé en sous rythmes. Par exemple, prenons l'attaque, la mise en place de la technique et son aboutissement, s'inscrivant dans le Jo Ha Kyu. L'attaque part le plus souvent d'une position de garde, s'arme, puis s'élance. Ces trois phases s'inscrivent aussi dans un rythme Jo Ha Kyu. Ainsi Jo possède aussi trois rythmes : le Jo du Jo, le Ha du Jo et le Kyu du Jo. Ha et Kyu se décomposent aussi de la même manière.

Jo Ha kyu est reconnaissable chez les hauts-gradés : une attitude calme relevant un grand potentiel d'action devant lequel un conflit peut s'estomper avant même d'avoir dégénéré (la victoire sans combattre). Lors de la réalisation de la technique, Ha s'harmonise dans le rythme de l'attaque, et Kyu révèle un mouvement magistral, puissant, rapide mais jamais précipité.

Jo Ha Kyu

2° Partie

Matière de base.

Shizen (soi-même)

Les sentiers de la montagne.

2001.

L'élève demande au Maître :

« Comment savoir si l'on est sur le véritable chemin ?
- On ne le peut, répond le Maître, il n'y a pas de véritable chemin. Deux sentiers mènent à la montagne. le premier est long et sinueux, le second est plus direct, lequel prendrais-tu ?
- Le second, Maître.
- Le second n'est pas le bon chemin.
- Devrai-je prendre le premier ?
- Le premier n'est pas le bon chemin. »

L'élève ne comprend pas, alors le Maître rajoute :

« Le novice doit prendre le premier pour apprendre à connaître la montagne.
L'initié le second, car il ne doit pas se disperser.
Le confirmé doit reprendre le premier, pour garder l'esprit du débutant.
Le gradé le second, pour aller à l'essentiel.
L'expert pourra s'aventurer hors sentier.
Et le maître ne prendra pas le premier, ni le second, parce qu'il est lui même la montagne. »

L'Aïkido : Ni Sport de combat, ni Art martial mais véritable Voie Martiale.

Octobre 2008.

L'Aïkido est un art martial Japonais. Pour l'institution française, Il fait partie des sports de combat et il existe un brevet d'état d'éducateur sportif d'Aïkido délivré par le ministère de la jeunesse, des sports et de la vie associative. Ainsi, il est classé dans les sports et les activités physiques.

L'Aïkido a connu un essor important depuis sa création au milieu du vingtième siècle. Très vite, cet art martial s'est répandu à travers le monde grâce aux experts qui se sont voués à sa diffusion en Europe comme en Amérique, ainsi que sur presque tous les continents. Nous pouvons aujourd'hui constater une grande diversité des pratiques selon les styles ou courants, y compris dans un même pays, voire dans une même ville, le nombre de courants, écoles et fédérations existants en est une preuve incontestable.

Mais l'Aïkido ne peut être classé comme un simple sport. Les sports se pratiquent quasiment de manière identique d'un club à l'autre, d'un pays à l'autre, si bien que des compétitions ou rencontres sportives peuvent avoir lieu à tous les niveaux, départementaux, régionaux, nationaux et internationaux. La principale raison est que, dans le domaine du sport, les règles de jeux et l'organisation des championnats sont fixées et définissent la pratique.
Or, l'Aïkido est une discipline sans compétition. Lors de l'étude des techniques, les rôles d'attaquant et de défenseur sont bien définis. De surcroît, c'est toujours l'attaquant qui perd par principe en développant un travail de Ukemi qui lui permet de suivre la technique sans se blesser. Et si les techniques sont appliquées avec un principe de respect de l'intégrité des protagonistes, elles peuvent être redoutables et mettre définitivement un adversaire hors de combat. C'est une des raisons pour laquelle il n'y a aucun combat de compétition organisé.
Nous ne pouvons pas classer l'Aïkido dans les sports de combat.
Les règles du sport tendent à donner les mêmes chances à tous les

participants par la définition des catégories de poids, d'âge comme de sexe. Or, dans l'art de la guerre a t-on déjà fixé des règles visant à réduire les avantages du nombre, du terrain ou de la technologie des ennemis?
Non, tout au contraire: le plus fort profite des faiblesses adverses.

À l'opposé du Judo ou du Karaté, pour ne rester que sur des sports de combats à mains nue d'origine japonaise, les catégories n'existent pas en Aïkido, seuls les cours enfants et adultes sont spécifiquement adaptés.

Ainsi seul le terme « activité physique » semble le relier au mot « sport » et, si la pratique de l'Aïkido nécessite l'usage du corps et permet une amélioration des aptitudes physiques, son objectif n'en est pas le développement. D'ailleurs, il est impensable de croire ou de vouloir croire à une amélioration continue des capacités physiques d'un individu: nous savons bien que nous ne sommes pas éternels et qu'une baisse de ces capacités nous attend avec le temps.

Il faut de nombreuses années de pratique pour arriver à la maîtrise technique, en général estimée au 4° Dan. Au delà, les grades sont exemptés d'examen technique et nous parlerons d'expertise et de haut niveau. Ainsi l'expert en Aïkido ne l'est souvent qu'à un âge auquel le sportif de haut niveau ne l'est plus. Nous savons que l'Aïkido peut être pratiqué à des âges avancés et qu'il est même possible d'adapter sa pratique à un handicap, parce que la technique va utiliser au maximum le potentiel du partenaire avec le minima de ses propres compétences physiques : L'Aïkido utilise "la force de l'autre" et pendant que l'activité physique adaptée permet un entretien du corps en retardant la baisse des capacités physiques, les qualités techniques augmentent et compensent le déficit corporel. Ce principe se nomme SHIN GI TAI, l'Esprit, la Technique et le Corps.

La pratique mixte Hommes-Femmes et l'absence de catégories tendent à développer une pratique ou l'on cherche à parfaire une technique avec différents partenaires. L'étude technique tend à nous préparer au combat, puis nous invite à aller au-delà en se donnant les moyens d'éviter l'affrontement par une résolution pacifiste des conflits. Il est à noter ici une différence notable entre pacifique et pacifiste : le pacifique se refuse à la guerre, le pacifiste est prêt à l'utiliser pour obtenir la paix. Le terme « art martial » semble donc plus adapté. Mais si l'Aïkido suit la maxime "pour faire la paix, prépare la guerre" il insiste sur le fait que cette préparation ne doit pas aboutir au conflit. Un parallèle peut alors être fait avec les moines Shaölin: l'art martial permet de se défendre d'éventuelles attaques et sa pratique permet une activité physique bénéfique pour le corps comme pour l'esprit.

La recherche d'un idéal harmonieux passe par une recherche artistique dans la réalisation du geste. Bien souvent, l'Aïkido est assimilé à une danse. Ce sentiment est sûrement dû à l'exécution harmonieuse des techniques, la répartition des rôles prédéfinis entre Tori et Uke et la difficulté pour un observateur non initié d'associer Martialité et Beauté parce que, pour l'inconscient collectif, le geste guerrier ne peut pas être porteur de beauté. Mais c'est oublier l'origine japonaise de l'Aïkido et les siècles passés à cultiver la beauté et l'harmonie dans les plus vastes domaines y compris dans celui de l'art de la guerre. La recherche d'un idéal de beauté englobe une bonne part d'universalité, ce qui justifierait de son développement dans des pays aux contextes socio-culturels très différents.

En tant qu'art, il est plus facile de comprendre que, malgré des outils techniques communs, son expression diffère d'un artiste à un autre, d'un maître à un autre. Un parallèle peut être fait avec les artistes peintres qui utilisent les mêmes supports et les mêmes peintures et qui, dans l'expression d'un même sujet, livreront un tableau différent d'un artiste à l'autre.

Chaque art demande travail et effort. Chaque art possède ses propres techniques, ses propres caractéristiques ainsi que ses propres principes. Lorsque son étude s'applique à décortiquer tous ses aspects, une approche scientifique est alors possible. On peut alors classifier, établir une nomenclature, étudier. L'étude scientifique peut permettre la compréhension de principes, mais elle ne garantit pas de pouvoir les appliquer. Et à l'inverse l'artiste, quant à lui, peut être limité par la non connaissance des techniques ou des principes.

Ainsi la mise en pratique par la pratique elle-même est fondamentale et nécessaire à l'approfondissement de l'art. La progression d'un pratiquant passe alors par l'évaluation quantitative et qualitative de sa pratique. Il lui est ainsi demandé un savoir-faire et un savoir-être qu'il devra développer.

Entre connaissances et compétences, il lui faudra trouver un juste milieu. L'Aïkido est alors, au delà de l'art martial, une véritable Voie que l'on peut choisir de suivre toute une vie, une Voie de la réalisation de l'être.

Aï Ki Do

L'arbre aux Multiples ?

2002.

Il existe un arbre particulier. De son tronc partent plusieurs branches, qui toutes revendiquent appartenir au tronc.

Les branches se mettent à rêver : elles rêvent d'être le tronc.

Comme ceci n'est pas possible, elles voudraient être l'unique branche. Elles voudraient que leur devenir soit ce qu'elles auraient été, si elles avaient été un tronc et non une branche.

Sur les branches poussent des fruits après chaque floraison. Les fruits mûrissent. Mais les fruits de cet arbre ne tombent pas : ils restent fermement accrochés. Et les fruits, quant à eux, ne revendiquent pas appartenir au tronc : ils revendiquent appartenir à l'unique branche qu'il faudrait garder du tronc.

Les saisons passent, le tronc vieillit. Il se creuse de l'intérieur. Les branches, elles, grossissent et se fortifient, fragilisant ainsi ce qui les relie directement aux racines nourricières tout aussi indispensables que les apports extérieurs du soleil, de l'air de l'eau et de la terre.

Les nouvelles floraisons laissent apparaître des fruits très différents d'une branche à l'autre, si bien que si l'on essaie de mélanger leurs graines, nous n'obtenons plus qu'un ersatz de germes stériles.

Qu'adviendra-t-il de l'arbre ?

L'Aïkido est comme cet arbre : il a donné naissance aux multiples. De l'un est né le multiple, du multiple est née la diversité, de la diversité est née l'incompréhension, de l'incompréhension est née la discorde...

N'y a-t-il donc aucune richesse dans le devenir de l'Un ?

L'arbre est trop jeune, les ambitions trop grandes, les hommes ne sont pas mûrs. Le Dō, est un chemin, mais quelle importance d'être devant, derrière ou même à contresens ?

Le Dō est individuel, personnel, chacun l'aborde comme il le veut ou comme il le peut. Le Dō nous élève vers nos rêves d'hommes accomplis, d'hommes grands, d'hommes généreux. Notre ego nous freine sans cesse, il est la clef du problème car c'est lui qui divise.

Car, en vérité, l'Unité n'est pas Un. L'unité, c'est justement l'union des multiples. Les fruits en mutation nous apporteront peut-être un jour la clé du problème : de l'un naît le multiple, du multiple naît la diversité, de la diversité naît l'incompréhension, de l'incompréhension naît la curiosité, de la curiosité naît l'observation, de l'observation naît la compréhension, de la compréhension naît l'acceptation, de l'acceptation des différences naît la richesse de la diversité.

S'ouvrir à l'autre est une étape essentielle pour accomplir l'Unité. Unité qui ne serait pas Une, mais l'union acceptée par tous. Elle ne tendrait pas à nous rendre tous identiques, mais nous rendrait chacun unique, unique et enrichi de nos différences.

Lorsque les fruits tomberont, de nouveaux arbres pousseront, et tous riront de la guerre des branches, car l'avenir du tronc n'était pas l'arbre mais la forêt toute entière.

Éditorial.

Février 2012.

Ne pas être à l'écoute de l'autre n'est pas la Voie, être vaniteux ou prétentieux n'est pas la Voie, ne pas se remettre en question n'est pas la Voie.
Dans le Budō, être un un étudiant de la Voie, c'est aller de l'avant et trouver le courage de continuer lorsque la route est semée d'embûches, c'est dépasser ses faiblesses et se dépasser soi-même.

Pour avancer et progresser, il suffit de ne pas reculer ni s'arrêter, mais simplement de pratiquer régulièrement.

山

Yama (montagne)

Aïki, du Jutsu au Dō.

Novembre 2008.

L'Aïkido est né des différents arts martiaux pratiqués par Moriheï Ueshiba (1883-1969) qu'il a synthétisés en y apposant ses tendances philosophiques. L'un d'eux est le Daïtō Ryu Aïki-Jujutsu qu'il a étudié auprès de Sokaku Takeda (1849-1943). Bien que Moriheï Ueshiba précise que son terme « Aïki » n'a pas le même sens que par le passé, le sien étant orienté vers l'Harmonisation et l'Amour, les similitudes des techniques du Daïtō Ryu Aïki-Jujutsu et celle de l'Aïkido sont évidentes. Le terme Jutsu, traduit souvent par technique(s), évoque une finalité guerrière et destructrice à l'opposé de la volonté pacifiste du Dō (Voie, Chemin) de l'Aïkido.

Si les origines du Daïtō Ryu remontent dans le lointain Japon médiéval, l'Aïkido est né à une autre époque où il n'est plus question de cultiver l'art de la guerre mais de permettre à l'Homme de trouver matière à se réaliser en tant qu'être dans la société, à s'épanouir et à trouver sa juste place entre Terre et Ciel. Déjà, dans la culture japonaise, et bien avant l'ère Meïji, il est question de se cultiver et de s'épanouir, certes en respectant les règles de vies hiérarchisées d'une société. L'étude d'une Voie martiale, par ses aspects pluri-dimensionnels, le permet, au même titre que d'autres voies : Nō (théâtre), Sadō (cérémonie du thé), Shodō (calligraphie).

La pratique a donc pris un autre sens que la simple préparation au combat. Privé des nécessités de ce dernier, il est alors possible d'adapter les techniques suivant ce nouveau cahier des charges, tout comme les arts sportifs de combat délaissent les techniques amenant une disqualification comme les coups aux parties génitales pour ne citer que cet exemple. Il existe alors le risque de s'engager dans des voies qui peuvent s'éloigner de l'objectif martial, dans des voies sportives ou compétitives, mais aussi dans des voies plus artistiques pour les disciplines n'étant plus amenées à pratiquer le Shiaï*. L'Aïkido fait partie de ces dernières. Cette dérive possible n'empêche pas l'atteinte de la finalité moderne : la réalisation de soi, mais le chemin emprunté est tout autre.

Sur ce chemin existe l'illusion de l'efficacité technique, d'autant qu'elle n'est plus éprouvée en combat réel ou en forme de combat s'y rapprochant.

Pour le pratiquant désirant suivre les pas sur la voie tracée par Ô Senseï Ueshiba, la transmutation du Jutsu en Dō ne doit pas l'éloigner de la Voie Martiale. Mais il ne s'agit pas non plus de revenir aux techniques du passé. La technique en Aïkido doit alors s'exécuter avec Jutsu sous la bienveillance du Dō.

* Shiaï : compétition visant à vérifier les acquis techniques en situation de combat.

Shi Aï

Ego.

Septembre 2011.

" Trancher son Ego ", il n'est pas rare d'entendre prononcer ces mots dans le monde du Budō. Mais qu'entendons-nous par Ego ? Qui est cet Ego ou comment le définir ? Et pourquoi vouloir le trancher ?

Un des Budō qui invite sans relâche à s'accorder à soi-même jusqu'à l'inclure dans sa propre définition est le Iaïdo, que l'on définit trop facilement par «l'art de dégainer et de couper spontanément avec le sabre Japonais».
I signifie l'Être, Aï c'est accorder, unifier et Dō, la voie, le chemin permettant un accomplissement ou encore la quête. Dans cet art où le travail se fait toujours sans partenaire, que cherche t-on à développer puisqu'il s'agit d'acquérir une technique que jamais nous ne testerons contre quelqu'un ?

Au delà de la technique, la recherche s'oriente alors vers le seul ennemi présent pouvant représenter un frein à l'amélioration et la perfection de la technique : Soi-même. Ainsi le Iaïdo invite le pratiquant à se pourfendre lui-même, au sens figuré comme au sens propre lorsque par inadvertance le geste maladroit est automatiquement sanctionné par un tranchant affûté hors du commun. De fait, le sabre devient bien le seul partenaire, certes non humain, qui ne laisse passer aucune erreur.

Avançant irrémédiablement vers la perfection que jamais on n'atteindra, non pas parce que nous n'en avons pas les moyens, mais parce qu'elle est sans fin et sans limite, la quête s'oriente vers le Soi profond dont on dit qu'il est occulté par le Moi superficiel ou Ego.

Ainsi pour le Budō, l'Ego est plutôt considéré comme une entrave à notre développement spirituel. Il est ce qui nous empêche de voir librement et nous impose une déformation de la réalité par ce filtre qu'il superpose à notre regard. À l'instar de nombreux courants spirituels, l'Ego est une représentation faussée qu'un individu se fait de lui-même et qui l'empêche de voir sa vraie nature, l'emprisonnant dans une fausse réalité.

Dans la voie du Bouddhisme, on prépare l'être humain à se libérer de cette perception afin de lui permettre de s'affranchir de la souffrance dont la cause est la croyance à l'existence du Moi, considéré comme une construction mentale ne correspondant à aucune réalité tangible. L'Ego est alors une fausse interprétation qu'un individu se fait de lui-même et cette représentation fait écran à sa vraie nature, produisant un piège enchaînant l'Homme à l'égocentrisme, l'orgueil, la vanité, l'amour-propre et la perception erronée du monde. Dans cette conception, une personne libérée de son ego peut connaître l'éveil spirituel.

À l'opposé, en psychologie, l'Ego est la représentation ou la conscience que l'on a de soi-même et est alors considéré comme le fondement de la personnalité. Ainsi pourquoi se trancherait-on soi-même ? Pourquoi voudrait-on annihiler sa propre personnalité ?

Il faut alors reprendre la définition de Ego, tirée de sa racine grecque, Je ou Moi. Cependant ces deux termes et l'usage que l'on en fait peuvent facilement créer des confusions, si bien qu'il est parfois difficile de distinguer ces termes selon différents auteurs. Considérons alors le « Je » et sa dérive le « Moi, je ». Pour le Budo, comme pour le Bouddhisme, le Je n'est pas le frein, c'est le Moi, je. Le Dō (Aïkido, Kendo, Iaïdo ...) devient alors Seishin Tanren, la forge de l'esprit, et invite le Samouraï à se dépasser pour atteindre le Satori ou la vraie connaissance.

Ainsi Trancher l'Ego devient nécessaire pour réaliser le véritable éveil spirituel en prenant conscience que l'ennemi n'est pas au-dehors mais bien en soi. Le Budō nous apprend à nous dépouiller nous-même pour se retrouver soi-même avec son soi profond enfin libéré du Moi superficiel.

Éditorial.

Octobre 2011.

Le Budō est un chemin exigeant où Shin, Gi et Taï s'entrelacent dans une harmonie recherchée en perpétuelle évolution, il nous permet de vivre l'unité de l'Être, ici et maintenant, chaque jour où Keïko est au rendez-vous.

Le Budō, voie de l'accomplissement, nous amène toujours plus loin au plus près de notre "soi-intérieur" en voie de libération de l'illusion de l'Ego.

Shin Gi Taï

Être et Devenir.

Novembre 2010.

« Nous sommes ce que nous sommes, pas ce que nous voudrions être...»
Siegfried Kolbilza, Takeda Ryu - I.S.T.B.

Le Budō est un chemin qui mène vers Soi. Il doit permettre de se reconnaître, littéralement : re-co-naître, c'est-à-dire de naître à nouveau avec soi-même.

Pour accomplir cette renaissance, le pratiquant doit, au travers de l'exercice de son art, commencer par découvrir, identifier et, surtout, accepter ses défauts, ses failles et ses faiblesses. Cette étape doit s'accompagner par une prise de conscience des qualités acquises ou en cours d'acquisition ainsi que des progrès accomplis. La tâche incombe au Senseï qui doit savoir, dans ces moments difficiles, valoriser son élève en prenant le plus grand soin de ne pas exacerber l'ennemi primordial qu'est l'Ego.

Lorsque la conscience s'éveille et ne se leurre pas dans ce piège de l'Ego, le constat ou « état des lieux » doit permettre au pratiquant de se fixer des objectifs afin d'améliorer certains aspects de sa personnalité, mais aussi de faire avec les défauts les plus ancrés en soi qui seront les plus difficiles à gommer. Le changement demande beaucoup de travail et peut être refusé par paresse. Nous considérerons que le pratiquant de Budō n'est pas avide d'efforts.

Un défaut inné (littéralement : né dedans) en l'Homme est la résistance au changement.
Changer : c'est accepter d'être différent, d'être autre, d'être l'inconnu.

Et l'Inconnu fait peur, souvent parce que l'on imagine le pire ou simplement parce qu'il nous oblige aussi à reconnaître nos propres peurs conscientes, inconscientes, archaïques, innées ou bien encore, liées à l'inconscient collectif ou culturel.

Pourtant refuser le changement c'est se figer à jamais dans ce que l'on est, ici en l'occurrence à l'étape du constat que certains refuseront même de réaliser pour éviter de blesser son mal Ego. Ce refus est signe de sclérose à venir ou déjà déclarée. Est-il trop tard ?
Non ! La rédemption sincère est acceptée jusqu'au dernier moment, y compris juste avant le râle, ultime chance donnée à qui n'a pas voulu ou pu, jusque là, ouvrir les yeux sur le chemin de la vie. Mais elle ne sera pas accordée à celui qui, en toute conscience, a fermé les yeux quand il pouvait les ouvrir et qui, par paresse, par cupidité ou par orgueil, ne l'a volontairement pas fait.

Une fois l'idée de changer acceptée, il est alors possible d'évoluer et de progresser. Partant du constat : je reconnais ce que je suis, il est alors possible de se fixer de grandes et nobles ambitions. Ce vecteur deviendra source d'énergie et de motivation en orientant la direction du chemin à accomplir et le processus de transformation pourra commencer. Il existe à ce stade un piège que tout guerrier désireux de s'accomplir sur la Voie doit éviter : se fixer un objectif trop ambitieux. Les conséquences en sont bien connues : abandon par démotivation suivi de regrets éternels, ou pire, aveuglement avec la certitude de vivre son rêve éveillé en perdant définitivement la capacité d'autocritique.

Ne rêvez pas votre avenir, créez le !

Vous êtes maintenant ce que vous êtes et vous savez raisonnablement qui vous voudriez être. La Voie vous permet alors de travailler et de progresser dès aujourd'hui: demain vous serez différent et vous progresserez encore pour qu'après-demain voit un autre en vous, un Vous futur, un Vous meilleur, vous serez alors ce que vous pouvez être, et après l'après-demain vous serez encore plus, vous serez ce que vous n'aviez même pas imaginé oser être.

« Ce que tu seras, sera. C'est ce que tu es qui deviendra ! » Répond le Maître à l'élève.

Soyez dès aujourd'hui juste et honnête avec vous-même, la Voie qui demande à Accomplir est juste là sous vos pieds !

Giri.

Janvier 2011.

Giri, prononcé Gui-ri, est un mot japonais sans traduction littérale en français. Il désigne la notion de devoir ou d'obligation morale et sociale. Il est composé de deux idéogrammes : Gi qui se traduit par justesse, règle, moralité, et Ri , raison, principe, logique.

Selon l'éclairage de Inazo Nitobe (1862-1933), célèbre intellectuel nippon et auteur du non moins célèbre ouvrage Bushidō, l'âme du Japon, paru en 1900, référence en matière de philosophie morale, martiale et plus largement de la culture et de la mentalité japonaises, Giri signifie littéralement « raison droite » et, dans son sens premier, exprime le devoir, pur et simple que nous devons à nos parents, à nos supérieurs et aussi à nos « inférieurs », ou à la société en général.

Si de nos jours, à l'instar du mot Honneur, Giri n'est parfois guère plus qu'une vague idée du devoir ou de l'obligation que l'on se doit de remplir, il était d'une toute autre dimension lorsqu'il s'agissait d'agir avec droiture, courage et maîtrise de soi.
Culturellement accepté et éduqué dès son plus jeune âge, Giri conduit le Samurai à se donner corps et âme, y compris lorsqu'en dernier recours il se devait de faire Seppuku (nommé à tort Hara Kiri) quand il voulait racheter ses fautes, se laver d'un échec personnel ou se repentir d'un péché impardonnable. L'homme qui accepte Giri et suit ses préceptes est un homme honorable, comme magnifiquement exprimé dans le film " Yakusa " de Sidney Pollack.

De nos jours, et sûrement par la perversité de la maxime « les paroles s'envolent et les écrits restent », nombreux sont ceux qui n'accordent plus aucune « obligation morale » à ce qu'ils disent : le mensonge est courant y compris dans les hautes sphères de nos sociétés, les hommes politiques n'étant pas de reste. Pour l'Homme Honorable, une parole dite vaut autant qu'un écrit et chaque parole prononcée est le reflet de sa pensée comme de son âme, il y joint alors une partie de lui-même qu'il ne peut alors que respecter.

Giri, le « lourd fardeau » que l'on se doit de porter envers la famille, l'entourage, la société n'a de valeur que par l'intention que l'on y met. Il assure une cohésion sociale par ses règles d'étiquettes et de comportements, mais il ouvre aussi la Voie à la la sincérité que l'on se doit d'avoir avec nous-mêmes dans nos actes, nos paroles comme nos intentions.

Le poids de la tradition n'empêche pas d'œuvrer pour un changement de cette même Tradition, et lorsque le changement s'opère avec Giri, il n'y a pas de rupture entre le passé et le futur que l'on veut construire : il y a un " ciment-lien " qui transforme sans détruire.

Pour changer et améliorer le monde, Giri nous invite à commencer par changer en nous-mêmes et par nous-mêmes en appliquant les obligations morales que l'on se doit.

Giri

L'illusion ou le piège confortable.

Avril 2012.

" L'intelligence c'est la chose la mieux répartie chez l'homme parce que quoiqu'il en soit pourvu, il a toujours l'impression d'en avoir assez, vu que c'est avec ça qu'il juge ". Coluche

S'il est évident que des domaines sortent de nos champs de compréhension ou de compétence, il est beaucoup moins évident de l'accepter ou de le reconnaître, surtout dans le domaine des arts martiaux qui se sont éloignés de leurs objectifs premiers par dérive sportive ou par coupure avec ses origines.

Un pratiquant de Taï-Chi, convaincu de maîtriser le Qi (Ki) s'était présenté au Dojō pour un cours d'Aïkido. Désagréable fut la leçon qu'il reçut : il était bien incapable de transmettre la moindre énergie à son partenaire, encore moins de « projeter » du Ki plus loin que le bout de ses doigts ! Mais il ne faut surtout pas critiquer ou dénigrer le Taï-Chi, c'est l'homme et son niveau de compétence qui sont en cause.

J'ai déjà évoqué à maintes reprises la dérive des sports de combat qui délaissent les techniques amenant une disqualification comme le coup " aux parties " qui est pourtant bien efficace. Ainsi même un pratiquant de Karaté qui pratique avec coquille pour éviter un mauvais coups malencontreux, peut recevoir ce très mauvais coup dans une rixe en dehors du Dojo, à moins qu'il ne se sépare jamais plus de sa " petite protection ". Mais il ne faut pas critiquer le Karaté-Dō, car c'est encore l'homme qui est responsable de l'usage qu'il en fait.

Un professeur d'Aïkido convaincu, lui, d'être « le combattant invincible » à l'image de Ô Senseï Moriheï Ueshiba s'était vanté de pouvoir immobiliser un « adversaire » en lui tenant le bras au sol avec la technique « Ikkyo ». Un Judoka le mit au défi : le pauvre " prof " ayant l'habitude d'avoir à faire à des partenaires et non un adversaire, imprécis dans l'axe d'immobilisation, ne put contrôler le judoka que... quelques millièmes de seconde !

Hélas le judoka en question remit en cause l'Aïkido et non la non-compétence du pratiquant.

S'ouvrir aux différentes disciplines martiales permet d'ouvrir son propre champ de conscience et de prendre le recul suffisant pour s'observer avec l'autocritique nécessaire pour dissiper le voile des illusions qui tentent de nous piéger. Les règles sportives ou les techniques martiales développées dans un cocon douillet à l'odeur aseptisée d'une pratique routinière créent ces illusions.

Et le piège est là : se conforter dans l'insouciance et le manque de discernement, puis finir de se convaincre que nous avons suffisamment d'intelligence, de pratique et de technique, puisque c'est avec ça que l'on se juge.

Shin (Coeur, Esprit)

Budō, Voie de réalisation de l'être.

Janvier 2013.

Aucune voie guerrière n'a jamais autant transcendé un acte de guerre en art de paix comme l'a fait le Budō. Derrière ce terme se cache pourtant une multitude de définitions et de traductions. La quête du Budō est noble et ses objectifs sont ambitieux, ainsi il est de bon ton de revendiquer un art martial comme tel, arguant parfois de faux prétextes pédagogiques pour justifier une pratique brutale, souvent plus proche de la rixe de rue que d'un art se réclamant de la Voie, ou pour donner une aura à une simple activité sportive.

L'étymologie du terme Budō est la "Voie qui arrête la Lance", intégrant dans sa définition même une volonté pacifique. Mais cette voie ne préconise pas la non-violence, elle utilise l'art guerrier pour atteindre son objectif de paix. Il s'agit donc d'une voie pacifiste qui, pour préparer la paix, se prépare à la guerre. Cette voie comporte alors une capacité à défendre un individu ou une société d'un ennemi potentiel, mais elle contient aussi la capacité à attaquer autrui. Le pratiquant devient alors seul responsable de l'usage qu'il en fait. La limite entre Voie guerrière et Voie de réalisation de l'être est parfois subtile pour celui qui est en recherche d'une véritable voie, mais elle est évidente pour celui qui y chemine. Pour le Budō, une différence fondamentale se situe au niveau du sentiment de responsabilité qui augmente avec le niveau du pratiquant. La quête devient double et combine progression technique avec progression morale.

De nombreux pratiquants d'arts martiaux d'origine japonaise se réclament du Budō. Et nombreux sont ceux qui le rêvent et se maintiennent dans l'illusion. Ce n'est pas uniquement parce que l'on pratique un art martial que l'on pratique le Budō. Le Budō se vit à chaque instant, et non pas uniquement lorsque l'on a revêtu son Gi (tenue de pratique). Ainsi le Budō ne se satisfait pas que des bonnes intentions, il réclame des actes réguliers et une constante attitude en accord avec ses principes. La Voie requiert une foi inébranlable. Elle est exigeante parce qu'elle ne tolère pas d'écart.

Et la Voie possède ses propres pièges. Elle peut amener le Budō-Ka à l'intolérance, à l'hégémonie, au sentiment nationaliste ou ultra-nationaliste comme ce fut le cas au pays du soleil levant. Intolérance, narcissisme et égoïsme mèneront au coté obscur de la Voie. Manque de lucidité, manque d'esprit autocritique, manque de bienveillance y mèneront de même.
Le Budō-Ka se doit d'identifier tous les pièges pour pouvoir les éviter ou les affronter. Pour cela, il se doit d'identifier avant tout ses propres défauts et œuvrer pour les corriger. Il doit faire de même pour ses qualités et agir pour les parfaire. Il ne s'agit pas d'essayer de devenir le meilleur dans une discipline, mais de s'améliorer constamment sans jamais s'arrêter, dans un processus sans fin.

À l'instant même où le Budō-Ka pense être parvenu à son apogée, il n'est plus sur la Voie. Bien entendu, aucun corps n'est immortel et il existe un déclin physique suite à l'apogée de la force de l'âge. C'est pourquoi toute voie sportive mène au déclin et à la nostalgie d'une époque révolue. Il en est de même pour tout pratiquant d'art martial n'ayant pas épousé la Voie, ses aptitudes physiques diminuent avec le temps, et naissent les regrets d'un temps perdu. Pour le Budō-Ka, le déclin physique est largement compensé par le perfectionnement technique, la connaissance approfondie des principes et l'application des règles morales qui le mènent à la spiritualité et ouvrent l'esprit à un large horizon des possibles.

Il est une grande différence entre les religions d'Occident et celles d'Asie, et plus particulièrement celle du Japon, terreau endémique du Budō. Dans le bouddhisme, comme dans le Shintō, un homme peut atteindre un état de Bouddha ou devenir un Kami déifié. La barrière entre l'homme et le divin est franchissable. L'Homme n'est pas jugé uniquement lorsqu'il se présente dans l'au-delà : il l'est à chaque instant de sa vie. Ceci doit nourrir sa volonté de persévérer et le conduire à adopter une attitude constante, sans faillir.

La mort, qui est souvent déniée dans notre société moderne, est vécue bien différemment aussi. Elle fait partie de la vie et peut se présenter à tout moment, ce qui était encore plus vrai lorsque les hommes ne se séparaient jamais de leur sabre. Ne craignant pas la mort, parce qu'acceptée dans les principes religieux ou philosophiques, le Budō-Ka se tient prêt à mourir à tout moment. Il apprécie alors d'autant plus chaque instant présent, fait en sorte de laver son Karma ou de ne pas l'alourdir. Délivré en grande partie des préoccupations spirituelles, il est prêt à agir selon sa conscience, selon ses devoirs, et ce, jusqu'à même risquer sa vie.

Giri, le "lourd fardeau" que l'on se doit de porter envers la famille, l'entourage, la société n'a de valeur que par l'intention que l'on y met. Il assure une cohésion sociale par ses règles d'étiquettes et de comportements, mais il ouvre aussi la Voie à la la sincérité que l'on se doit d'avoir avec nous-même dans nos actes, dans nos paroles comme dans nos intentions.

Le Budō-Ka ne le devient vraiment que lorsqu'il affronte l'ultime ennemi : son propre Ego. Dès lors qu'il engage le combat, dont il sait qu'il ne cessera jamais, il n'accordera aucun répit à sa vigilance. L'engagement dans la Voie du Budō doit être total.

Il n'y a pas un art martial plus prédominant ou plus adapté au Budō qu'un autre, c'est l'attitude du pratiquant et son engagement qui lui permettront de s'engager sur la Voie. Ceci nécessite d'étudier auprès d'un ou plusieurs Senseï eux-mêmes engagés. Les vrais Senseï sont comparables à des tuteurs qui permettront aux élèves de s'élever plus haut, en fortifiant leurs racines. Les élèves, devenus tuteurs à leur tour, permettront aux générations futures de s'élever encore plus haut, et gare à ceux qui oublieront leurs racines car une petite brise les fera tomber à terre. Demain sera meilleur qu'aujourd'hui : telle est la Voie. Penser le contraire, ou croire que seuls les anciens détenaient la connaissance, c'est se condamner à se scléroser et n'offrir aucun espoir d'avenir. Certains Senseï agissent ainsi envers leurs élèves parce qu'ils ont cessé de cheminer sur la Voie et leur Ego a finalement remporté le combat. La Voie, sans fin, peut élever l'Homme et le renouer au divin, elle peut l'avilir tout autant à tout moment.

Malgré les pièges, malgré les efforts nécessaires et l'engagement demandé, chacun de nous possède en lui la capacité à trouver la Voie du Budō. Dès lors que l'étincelle est créée, le Budō-Ka doit alimenter sans cesse le feu de la forge alchimique où il est à la fois forgeron et ouvrage.

Éditorial.

Mai 2012

Se dépasser c'est dépasser les limites que l'on s'est fixé.
Se surpasser c'est repousser ses propres limites.
Les limites d'aujourd'hui seront peut être dépassées demain, si aujourd'hui prépare demain avec soin.

Courage ! Ayez du cœur à l'ouvrage.

Yuu (avoir du courage)

3° Partie

Principes.

Kihon

Bon Maître, bon élève.

2003.

L'élève demande au Maître :

« Comment faire pour devenir un bon maître ?
- Les bons élèves font les bons maîtres, répond aussitôt le maître. »

L'élève réfléchit quelques instants et poursuit :

« Ne doit-on avoir que de bons élèves ?
- Ce n'est pas cela, répond le maître. L'élève reste l'élève, qu'il soit bon ou mauvais.
- Alors, doit-on rendre bons tous les mauvais élèves ?
- Ce n'est pas cela, répond le maître, le mauvais élève peut rester un mauvais élève.
- Ne doit-on garder que les bons élèves ?
- Ce n'est pas cela, répond encore le maître, les bons maîtres ont parfois de mauvais élèves.
- Comment alors savoir si je serai un bon maître ?
- Ce que tu seras, sera, répond le maître en souriant. C'est ce que tu es aujourd'hui, qui deviendra. »

Sen (mettre en pratique, s'élever)

Mushin No Shin.

Décembre 2011.

En paradoxale contradiction dans sa définition même, Mushin No Shin, traduit par pensée-sans-pensée ou non-pensée, n'est pas simple à appréhender. Que peuvent donc signifier ces termes dans le Budō ? Pourquoi rechercher cet état si souvent évoqué chez les grands artistes martiaux ?
Cette " contradictoire-vérité " provient sûrement du Zen avec ses énigmatiques kōan, proverbes et objets de méditation susceptibles de produire le Satori, l'éveil spirituel, afin d'accéder à la connaissance vraie et intuitive.

La véritable traduction de Budō n'est pas " Arts Martiaux " mais la " Voie qui arrête les armes ". L'objectif est bien plus ambitieux que la simple application de techniques ou de tactiques de combats. L'étude du Budō doit permettre à l'Homme de s'élever suffisamment pour aboutir à la réalisation de soi. Dans cette étude, le pratiquant développe ses capacités selon trois axes :

> L'axe psychomoteur relatif à l'interaction corps-esprit où il développe la kinesthésie, la myélinisation, la coordination, l'équilibre et la respiration.
> L'axe psychique relatif à l'esprit, à la pensée, le ressenti, les émotions, la compréhension et la connaissance.
> L'axe de la Maîtrise de Soi avec le développement de l'écoute, de la vision et du contrôle de soi.

La finalité en tant qu'objectif à réaliser est le bien-être, bien-être dans son corps, dans sa tête comme dans les relations à l'autre.

Ce que propose le Budō est donc une tension vers une amélioration de Soi en partant de la matière de base qu'est le corps. L'étymologie de Shizentai, 自然体, position naturelle du corps, nous révèle un secret qui n'en est pas un : Shizen 自然 c'est soi-même. Shi 自 se traduit par soi, privé, personnel, Zen 然 par promesse ou engagement et Taï 体 c'est le corps. Ainsi l'intention, le potentiel d'action est déjà en nous. Pour mettre en œuvre cette promesse il nous faut réunir l'intention et l'action en tant qu'énergie et moyen. Ainsi la matière première est le corps, l'intention devient l'énergie et l'action, le moyen. L'énergie sera ainsi puisée dans la motivation à atteindre le but.

Il est dit que 4 vertus seront à acquérir dans cette quête :
    Rei, la courtoisie (étiquette)
    Choku, la force (spirituelle et mentale)
    Seï, le calme
    Soku, la vitesse (d'esprit, de décision).

Pour cela, il faudra être à l'écoute de Soi, de son corps comme de son esprit. Il faudra se connaître et se reconnaître (naître à nouveau avec soi-même), être honnête avec soi-même, donc s'accepter pour pouvoir évoluer et aspirer à un état meilleur, ainsi va le chemin vers le bien-être. Un frein ancré au plus profond de nous peut refuser ce changement, c'est l'Ego qu'il nous faudra trancher.

On évoque l'état de Mushin No Shin lorsque le pratiquant atteint un niveau où, dit-on, il libère son esprit et devient capable de percevoir et d'agir instinctivement sans l'entrave des quatre dangers que sont :

    Kyo, la surprise (stress)
    Gi, le doute (angoisse)
    Waku, l'indécision
    Ku, la peur.

Un des buts du geste martial est l'automatisme et la création du geste réflexe qui ne nécessite plus l'expression (la formulation) de la pensée mais la simple intention pour être déclenché.
Ceci sous-entend une pratique sans relâche où les gestes ont été répétés inlassablement afin de reproduire un geste spontanément sans pensée consciente. Mais s'il s'agit de libérer l'esprit de la pensée pour atteindre la non-pensée, ce n'est pas pour autant une absence de pensée qu'il faut rechercher.

Les sens sont en éveil, le corps est prêt et paré (pré-paré) à répondre ici et maintenant. L'absence de formulation de la pensée doit mener à la Non-Pensée.

Ainsi la Non-Pensée n'est pas l'absence de pensée mais la " super pensée active " non parasitée par le miroir (filtre) déformant de l'intellect et non freinée par la formulation ou entravée par les quatre dangers. Tout se passe alors comme si l'esprit travaillait à une vitesse plus élevée amenant parfois la sensation de vivre l'action au ralenti et permettant de réagir dans l'instant et d'agir corps et esprit unis. C'est cet état que l'on désigne par Mu-Shin No Shin.

Pour créer cette pleine «Communication» entre le corps et l'esprit, il faut commencer par apprendre à faire «Communion» avec soi.

Mu Shin No Shin

Stage avec Philippe Gouttard.

Avril 2006.

« le transporteur »

Non, non ! Il ne s'agit pas de jouer sur une ressemblance de silhouette avec le personnage d'un film d'action féru d'arts martiaux mais plutôt sur les mots, comme Philippe l'affectionne particulièrement.

Philippe nous invite à ouvrir des portes et voir au-delà ce qui s'y trouve. Il nous transporte vers une réflexion autour de notre pratique, de nos motivations et de notre devenir.

Plutôt que des maux, les mots dits plus tôt peuvent prévenir des maux. L'expérience des anciens doit alors servir aux plus jeunes pour prévenir des erreurs passées. Mais, comme il se doit, l'expérience passe par sa propre expérimentation : il faut alors pratiquer, pratiquer, pratiquer... remettre 100 fois l'ouvrage sur le métier, puis encore et encore jusqu'à rompre avec ce quelque chose qui nous retient, nous empêche ou nous freine encore à mettre pleinement en application ce que nous avons appris.

Construire alors l'unité de l'être plus tôt, plutôt que construire le reflet d'une technique. Oser s'aventurer plus loin, plus près de l'autre, plus en avant, pour s'approcher de soi et s'apprivoiser enfin pour permettre de devenir libre.
Libre de ses choix, conscient de ses peurs inconscientes, l'élève peut enfin se lever, s'élever.

Le tuteur nous invite à pousser, à nous redresser : mais que serait ce tuteur s'il empêchait de grandir encore plus haut ! Le plus grand des tuteurs n'aurait alors rien accompli.

Philippe souhaite que nous ayons la volonté de nous élever encore plus haut, encore plus droit. Et lorsque notre tour viendra de devenir tuteur, il faudrait que la génération future monte encore plus haut: c'est la fierté du tuteur.

Fasse que les prochaines générations sachent comment elles ont pu monter si haut. Cette ascension n'est possible que parce que l'édifice repose sur de profondes racines.
Sans pour autant être déifiés, les tuteurs, devenus célèbres, ne doivent pas être oubliés.

Laissons de côté les mauvaises herbes et les racines du mal se scléroser d'elles mêmes, laissons notre pratique balayer nos peurs, angoisses ou frustrations : soyons ! Tout simplement.

Shihan (grand professeur, modèle)

Agir en tant que Sempaï.

Décembre 2012.

En tout premier lieu, il nous faut définir le mot Sempaï, l'ancien ou l'aîné, et la relation qui le rattache au cadet. Aborder cette relation, c'est aborder la transmission d'une connaissance, d'un savoir-faire. Cette transmission ne peut avoir lieu qu'autour d'un savoir-être basé sur le respect et l'entraide, sans arrière-pensée de profit ou de jalousie qui n'instaurerait qu'une hiérarchie de fait, imposée et dénuée de tout sens noble cher à l'éthique du Budō.

Voici donc la traduction du mot Sempaï : l'ancien, le gradé, l'aîné. Kohaï se traduit par l'apprenti, le cadet. Le Sempaï doit montrer l'exemple à tout moment et aider à progresser ceux qui sont derrière lui. Il doit chercher à se perfectionner constamment dans tous les domaines et sur les points qui contribuent et aident à la vie de son école. Il est l'exemple à suivre. La notion d'École nous ramène au Ryu, école en japonais.

Mais le Sempaï n'est pas Senseï, il n'est qu'un relais entre l'élève et le Senseï. La relation entre le Sempaï et le Kohaï est particulière. Elle est fortement imprégnée des règles de conduite et de bienséance de la culture japonaise : le Reïgi Saho ou Reïshiki.

Sempaï n'est pas un titre en soi : le Sempaï ne l'est que parce que le Kohaï le voit ainsi. Personne ne peut s'imposer de droit comme Sempaï. Le respect envers le Sempai ne se provoque donc pas. Le Kohaï doit tout naturellement avoir envie de respecter le Sempai, tout comme celui-ci, doit tout aussi naturellement prendre soin du Kohaï.

La relation Sempaï-Kohaï est bien différente de la relation Maître-Elève. le Sempaï ne doit pas tenter d'avoir une action " pédagogique " au niveau technique s'il n'en a pas été autorisé.
De ce fait, un Kohaï ne doit pas non plus prendre les conseils techniques de ses Sempaï comme " argent comptant " car ceux-ci ont encore à améliorer

leur connaissance technique. Ainsi Le Sempaï ne doit absolument pas charger son message auprès du Kohaï de ses propres fautes ou insuffisances. C'est pourquoi Le Sempaï peut guider succinctement le Kohaï uniquement lorsque ce dernier éprouve des difficultés à exécuter un geste ou une technique, ou bien s'il encourt ou fait encourir un danger.

Lorsqu'il reformule les consignes du Senseï, le Sempaï parasite le message initial. En effet, toute action de conseil interfère directement avec la transmission de l'enseignement. Cette interférence peut être positive si ce relais reste relativement neutre, retransmettant une information ou un savoir.
Toute la problématique vient du fait qu'il existe un décalage entre l'enseignement que l'on reçoit et celui que l'on perçoit. Ce décalage se réduit avec la progression, ce qui fait qu'un élève gradé est plus à même de percevoir les enseignements d'une manière plus claire que pour un débutant. Malgré ce, la retranscription de cet enseignement est imprégnée de la personnalité du pratiquant, de son degré d'expertise, mais aussi du canal de communication qu'il va utiliser.

Principalement, il existe deux canaux, le premier utilise la communication verbale, le second est celui de la communication corporelle, qu'il s'agisse de démontrer ou de pratiquer. Ces canaux sont soumis à un taux variable d'interférences.
Pour la communication verbale, il peut exister un décalage important entre ce qui est dit, ce qui est entendu, et ce qui est interprété. Il en est de même pour la communication corporelle pour ce qui est démontré, ce qui est observé et ce qui est ressenti. Ainsi il existe indéniablement une déformation lors de la transmission d'un enseignement. Le Sempaï se doit d'aborder cette problématique.

En progressant, il devient parfois difficile d'admettre de ne pas avoir un niveau suffisant, et le pratiquant se sent autorisé à éduquer les moins gradés. À ce sujet, deux cas sont à envisager.

Dans le premier cas, le pratiquant estime qu'il en sait suffisamment pour usurper la place du professeur, cela sous-entend qu'il ne s'attend plus à progresser, et qu'il ne s'attache plus aux conseils de son professeur. Dans ce cas, il n'est plus un relais et n'a plus sa place en tant que Sempaï.

Dans le deuxième cas, le pratiquant estime pouvoir enseigner à son tour, il pourra le faire uniquement lorsqu'il a la place de l'enseignant, soit en ouvrant son propre Dojo, soit en ayant la responsabilité d'un cours, mais quoi qu'il en soit, jamais lorsque que professe son Senseï ou un autre maître.

L'accès à l'aura de Sempaï passe par une connaissance sans faille des règles de comportement et de courtoisie de l'école. Le Reïshiki doit donc être connu et, surtout, appliqué.

Dans la tradition japonaise, le grade d'école peut être délivré à un non-pratiquant pour service rendu (Samouraï = celui qui est au service) à l'école qui sera alors considéré comme membre à part entière. Encore, il est possible de devenir membre bienfaiteur en achetant un grade dans un Ryu, le don (le prix) augmentant avec le niveau du grade. Dans les deux cas, la différence entre Être et Avoir sera faite et nul ne se présumera d'un niveau technique d'autant que le grade est considéré comme personnel et individuel. À noter que les Ryu ne délivrent pas de titre de Shihan ou d'Instructeur à des non pratiquants.

En France, le grade Dan fédéral peut s'obtenir par examen, sur dossier ou par équivalence lorsqu'un pratiquant possède un grade obtenu à l'étranger, le plus généralement par une organisation reconnue par la FIA, Fédération Internationale d'Aïkido. Les Grades fédéraux Dan pour services rendus ne sont théoriquement plus délivrés en France et ont été remplacés par des distinctions fédérales. Cependant un grand amalgame a été fait par le passé.

Dans le club, le professeur délivre les grades Kyu sous son entière responsabilité : C'est donc un grade d'école. Le club prépare le pratiquant à l'examen du grade Dan comme une école prépare à l'examen d'un diplôme.

Quelque soit le choix de l'école, le grade reste avant tout un repère sur une échelle de progression. Les choix techniques, comme pédagogiques, se doivent d'être intégrés par le Sempaï. Ainsi sa compétence doit s'élargir au champ technique.

Comprendre la progression préconisée par l'école est alors plus qu'indispensable car c'est sur elle que repose la progression de tous. Le Sempaï devra donc connaître les répertoires techniques, les objectifs et les critères d'évaluation, ainsi que les priorités pour chaque grade, ce qui demande une ancienneté certaine dans l'école et une connaissance technique approfondie.

Au delà, le Sempaï doit pouvoir démontrer capacités et aptitudes. Sa connaissance doit avoir éprouvé les rôles de Uke et Tori.
Uke est celui qui reçoit la technique, Tori celui qui exécute la technique, appelé aussi Shite ou Nage. Dans les écoles anciennes ou Koryu, les rôles Ushitachi (gradé) et Shitachi (l'élève) sont immuables, contrairement au mode de pratique de l'Aïkido, où nous alternons les rôles Uke et Tori.

La recherche de la neutralité dans le Ukemi (gestuelle de corps du Uke dans le suivi de la technique de Tori, et qui ne se résume pas qu'à chuter) s'avère parfois difficile avec un partenaire moins gradé ou débutant, la tendance étant de vouloir retrouver les sensations de déséquilibre ou de contrôle telles qu'on les a perçues comme Ukemi. Ainsi on concède à ne bouger que lorsque Tori agit comme on le conçoit, adoptant parfois de manière inconsciente une attitude de rejet ou de blocage de la technique. Hormis un risque avéré pour la sécurité de Uke comme de Tori, l'objectif est de devenir le reflet vivant de la technique exécutée, en développant soi-même le Ukemi le plus adapté.

Lorsque Tori exécute une technique sur un Uke moins gradé, c'est à lui d'agir avec bienveillance en n'exigeant de Uke qu'un Ukemi qu'il soit capable de réaliser : " il ne faut jamais faire subir une technique à un partenaire qui ne connaît pas le Ukemi associé. "

Une fois cette relative neutralité mise en place, il ne faut guider Tori (moins gradé) uniquement que s'il exprime une difficulté de réalisation, et ne pas chercher à corriger des erreurs de placements ou de directions, à moins qu'elles n'engendrent un risque immédiat pour la sécurité. Seul le professeur qui dirige le cours interviendra pour corriger les erreurs. L'élève moins gradé apprendra " corporellement " de son Sempaï lorsqu'il jouera le rôle du Uke.

C'est donc toujours au plus gradé d'adapter sa technique ou son Ukemi au Kohaï, ce qui implique une bienveillance de sa part. Il lui faut tenter de garder une grande neutralité, sans dérober la technique ou la rendre irréalisable. Le kohaï, quant à lui, doit pouvoir faire de son mieux pour suivre la technique lorsqu'il est Uke, et d'agir avec un certain respect lorsqu'il est Tori. Cependant ce respect se doit d'être avant tout réciproque.

La progression de chacun passe par la relation avec tous dans le Dojo. Les échanges sont bénéfiques et indispensables mais ils ne doivent pas interférer sur la compréhension et l'évolution du pratiquant. Seul l'enseignant a la responsabilité de transmettre la connaissance technique. Le Sempaï peut aider le cadet dans l'acquisition d'un savoir-faire et d'un savoir-être principalement par son attitude que le Kohaï pourra "copier". Cette transmission ne passe pas par le canal verbal mais par les canaux visuel et corporel : cette transmission a lieu lorsque le Kohaï observe et lorsqu'il y a échange Uke-Tori.

La connaissance du répertoire technique implique une connaissance des schémas de réalisation en fonction des formes demandées (Omote, Ura), des attaques et des modes de travail Tachi Waza (debout), Hanmi Handachi Waza (à genou avec attaquant debout), Suwari Waza (à genou) ou Buki Waza (avec armes). Si la connaissance formelle des techniques est évaluée lors des passages de grade, elle doit permettre avant tout d'élaborer un répertoire technique et corporel qui servira de base fondamentale sur laquelle s'appuyer pour construire des techniques plus élaborées.

Le pratiquant se doit d'être acteur de sa progression en mémorisant les formes techniques. En cours, le professeur ciblera les acquis et le travail à accomplir pour progresser, et corrigera les mouvements afin d'améliorer la réalisation technique, les déplacements, le respect du critère d'intégrité en favorisant un bon Shizeï (attitude corporelle comme mentale), une meilleure notion du Ma-Aï (accord à la distance, espace-temps) et une amélioration du Kokyu (échange, mais aussi respiration, force, énergie).

Tout pratiquant " ancien " se doit donc de clarifier sa connaissance technique avant d'envisager de guider un débutant ou un moins gradé.

Lorsque les cadets décèlent chez un pratiquant, qui agit avec justesse et bienveillance, un savoir-faire et d'un savoir-être, ils voient en lui un modèle de comportement et une référence technique. Le pratiquant gradé est devenu un Sempaï, parce qu'il possède ce que l'on appelle Kokoro, qui se traduit par coeur ou esprit.

先輩

Sempaï

Shintō, religion des dieux ou voie des Kamis.

Octobre 2005.

Le Japon fut influencé par différentes pensées religieuses ou philosophiques, tels le Shintō, le Bouddhisme, le Confucianisme et plus tard le Zen. L'histoire de ce pays révèle que les différents courants de pensée ont pu facilement être acceptés, si bien que vers la fin du 6° siècle, les trois courants cohabitaient pacifiquement. Il apparut même le Ryo-Bu-Shintō, une religion Shintō-Bouddhiste qui dura mille ans avant de se diviser à nouveau.

Le Shintō peut être considéré comme un mélange de croyances spirituelles et de cultes chamanistes. Le Kami, pouvoir sacré, est présent dans l'animé comme dans l'inanimé. Il peut résider chez des grands êtres, ou des ancêtres, aussi bien que dans des lieux, dits sacrés, des montagnes, roches ou arbres. Les Kamis sont partout, chaque lieu ou chose d'une grande beauté est dit investi d'un pouvoir sacré et possède donc son kami. Il y eut une tempête qui sauva le Japon d'une flotte mongole, toute entière et prête à l'investir. Durant la seconde guerre mondiale, on essaya de reproduire le miracle et l'on nomma les pilotes de la dernière chance du nom de ce vent sacré : Kamikaze…

Dans le Dojō, le Kamiza est la place d'honneur vers laquelle se dirigent les saluts. C'est là que se trouve en général le portrait de Ô Senseï, qui symbolise la transmission de l'Enseignement. On peut y trouver parfois un temple miniature ou une calligraphie.

Le salut traditionnel, où l'officiant claque plusieurs fois des mains, a pour but d'attirer l'attention des kamis et de se placer sous leurs protections.
On peut exécuter le salut comme une simple formalité, mais l'automatiser c'est enlever la conscience que l'on peut y mettre. Les pratiques rituelles sont basées sur l'interaction corps-esprit. Ajuster l'intention au geste, comme l'acte à la parole, c'est agir pleinement corps et esprit unis. La présence de soi est une vertu à acquérir, la compréhension du rituel en est une porte.

Ô Senseï Moriheï Ueshiba à été fortement influencé par le sacré et le spirituel. Il a œuvré pour bâtir un art en harmonie avec les lois naturelles qui permettent d'élever l'homme vers les grandes valeurs dites humaines. La finalité de l'Aïkido n'est pas la maîtrise du combat pour le combat, mais l'élévation de l'être par l'étude de la technique qui doit ouvrir l'intellect (Shin=esprit) vers le cœur (Tama=l'âme).

Sans adhérer au shintoïsme, accorder l'importance nécessaire et suffisante au salut, comme faire le vide avant le cours, prédispose à pratiquer sainement : c'est se relier au Kami.

Shintō

Le Ki ... Énergie ou auréole de mysticisme ?

Décembre 2010.

Kokyu Hoo en Seïza vous a peut-être permis de " toucher du doigt " la manifestation du Ki sans toutefois comprendre tout à fait ce qui se passe. De nombreuses fois, on rit parce que le rire permet de panser ce que l'esprit ne pense pas, ne comprend pas. Pourtant celui qui a réussi à réaliser un geste sans contraction musculaire, souvent avec l'aide du professeur qui est venu corriger le placement du corps entier, des orteils jusqu'au bout des doigts, en passant par le maintien de la colonne vertébrale, le relâchement des épaules et le port de la tête, celui-là même a pu ressentir un petit quelque chose sans pouvoir réaliser ce qui se passe dans un instant fugace où l'esprit perd le contrôle et classe l'expérience dans le magique ou le mystérieux.

Tout d'abord, il faut rappeler que nous ne pensons que par ce que nous sommes, et principalement ce que nous avons été, ce qui a constitué notre base de données. Si un message (information verbale, visuelle ou corporelle) passe de manière codée par notre filtre, celui-ci ne pourra réellement le lire et ce message restera incompréhensible. Ceci explique pourquoi les débutants ne comprennent pas comment ou pourquoi ils ont été déséquilibrés.

Pour tenter de comprendre le Ki (comprendre = prendre avec soi), il faut tenter de le replacer dans son contexte culturel d'origine : le mot Ki au Japon est fréquemment utilisé, mais rarement tout seul : Gen Ki (bon Ki = santé), Byo Ki (malade), Ki Ni Iru (entrer dans le Ki = plaire), Ki Mochi (posséder le Ki = sentiment, humeur, état d'esprit), Ki Fu (le vent du Ki = disposition d'esprit) en sont quelques exemples.

Le Ki est immatériel, il est l'essence de toute chose. Il est la manifestation de la vie. Chaque être reçoit du Ki à sa naissance: s'il accorde son Ki avec le Ki universel, sa santé sera bonne.

« Dans le travail de l'Aïkido, la souplesse est la pierre angulaire de toute progression. La première étape est la suppression de la force rigide par relâchement et décontraction, pour acquérir la souplesse nécessaire à l'apprentissage technique. Vient ensuite le travail sur la fermeté, à ne pas confondre avec la force rigide. Cette étape permettra de réaliser les techniques de manière rigoureuse. La dernière étape sera le travail d'alliance entre souplesse et fermeté, permettant un accès à l'énergie interne. »

Christian Tissier explique dans son livre Aïkido Fondamental que la pratique doit être la plus précise et la plus rigoureuse possible, et qu'un mouvement effectué en force avec les épaules bloquées ou les hanches mal placées ne permettra pas d'accéder à la sensation du Ki et à son écoulement. Il ajoute que la position des mains, des hanches comme des coudes débloquera le corps et lui assurera la plus grande possibilité de souplesse, de puissance et de sensation.
Et Taisen Deshimaru, dans Zen et Arts Martiaux : « Dans les arts martiaux comme en Zazen, si ni la posture ni la respiration ne sont bonnes, il est impossible d'avoir un bon Ki. Il faut toujours que la puissance énergétique, la force, la conscience s'harmonisent sans tension pour que le Ki soit fort: une respiration correcte harmonise tout cela et alimente le Ki, qui est l'énergie vitale. » Et encore : « ... l'expiration crée la liaison qui équilibre la conscience et la posture. -Il parle de Zazen, mais on peut appliquer cela à Seïza, et par extension au corps qui a une posture correcte- Cette activité déclenche l'impulsion équilibrante entre les muscles, les nerfs, l'hypothalamus et le thalamus. ... Entre l'esprit et le corps, l'esprit et la posture, l'esprit et la technique, la respiration établit la liaison. Finalement, posture et respiration s'unifient. La respiration devient Ki (l'énergie, le ressort), comme le Ki d'Aïkido.»

Ainsi seule la bonne Posture permet la bonne Respiration, qui créera la Vibration et libèrera le Ki. Pour libérer ce Ki potentiel qui est en nous, il faut donc commencer par relâcher le corps. Ce relâchement ne sera efficace que s'il s'accompagne du relâchement de l'esprit. Il ne s'agit pas de se laisser aller ou de sombrer dans la mollesse, mais au contraire de lâcher son intellect et de s'ouvrir aux possibles. Si la curiosité est dite un vilain défaut, l'étincelle de curiosité est nécessaire ici à l'ouverture de l'esprit. Une fois la tension du corps apaisée et l'attention de l'esprit retrouvée, il faut s'appliquer à réaliser Waza (la technique) avec un corps souple et l'esprit curieux, sans rechercher une efficacité technique (l'efficacité viendra d'elle-même à la prochaine étape) mais avec une gestuelle correcte et le moins de tensions, afin de permettre au Ki de circuler. Enfin, inlassablement pétri et inlassablement forgée, corps et technique vont permettre à l'esprit de re-co-naître le Ki, de le com-prendre, de commencer à le guider en soi, puis en l'autre.

Placement et Posture de corps comme d'esprit sont donc indispensables pour que s'accomplisse l'écoulement du Ki, qui n'est ni mystique, ni mystérieux mais naturellement merveilleux !

Ki

Metsuke, Seme et Zanshin.

Novembre 2012.

" Impassible, en position de garde, le maître semble inébranlable. Il émane de son attitude passive une profonde sérénité intérieure, et néanmoins une profonde capacité à agir avec détermination. Son regard ne reflète aucune émotion et semble se perdre dans un lointain absolu. Pourtant, le maître est indéniablement présent et attentif au moindre détail. "

Metsuke, le placement du regard.

On dit que le regard est le miroir de l'âme. Dans le Budō, il reflète ou trahit l'état émotionnel du combattant. Lorsque le pratiquant travaille sur son regard pour ne plus refléter son état intérieur, il éduque parallèlement son mental à l'apaisement.

Miyamoto Musashi conseillait : " Ne pas laisser errer le regard, ne pas plisser le front mais froncer les sourcils, ne pas non plus rouler ni cligner des yeux mais les plisser légèrement sont des principes importants dans la pratique de notre escrime."

La position des yeux doit permettre de voir tout l'environnement sans toutefois se focaliser sur un point. En effet, plus on focalise ou l'on regarde quelque chose, moins on voit autour.

La différence entre voir et regarder se situe dans l'attention portée.

D'un point de vue biologique, l'œil possède des bâtonnets et des cônes. Ces cellules photosensibles de la rétine transforment le signal électromagnétique de la lumière en signal bio-électrique, ou influx nerveux, et l'envoient vers le cerveau qui interprète la vision.

La vison photopique, dite aussi maculaire, s'effectue grâce aux cônes qui sont principalement concentrés au centre de la rétine, dans le prolongement de l'axe optique. La région centrale de l'œil est de ce fait dotée d'une grande acuité visuelle. La proportion de cônes décroît au fur et à mesure qu'on s'éloigne du centre de la vision, ce qui fait qu'on distingue de moins en moins les couleurs et que l'acuité s'en trouve fortement réduite. C'est pourquoi nous bougeons les yeux pour percevoir clairement les objets sur lesquels on porte un intérêt.

La vision scotopique et la vision périphérique s'effectuent principalement grâce aux bâtonnets de la rétine, beaucoup plus sensibles que les cônes. Mais ceux-ci ne permettent pas, de distinguer les couleurs: la vision n'est qu'en noir, blanc et nuances de gris. C'est une vision très adaptée à la pénombre, contrairement à la vision maculaire nécessitant une intensité lumineuse élevée. Si l'on regarde directement un objet de nuit, il se peut qu'on ne le distingue plus alors qu'on peut le voir si l'on regarde légèrement à côté. Les bâtonnets sont aussi les récepteurs associés à la détection des mouvements par le cortex visuel ce qui est d'un grand intérêt dans le contexte martial.

En résumé: le centre de l'œil perçoit les formes et les couleurs, le pourtour distingue le mouvement et permet de voir dans la pénombre.
« Un oeil qui suit un objet mouvant n'est pas extrêmement précis, souligne le Professeur Dirk Kerzel. Il est toujours un peu en retard et ne parvient jamais à ajuster parfaitement sa vitesse sur celle de sa cible. »

Ainsi, il est préférable de regarder sans focaliser et d'élargir son attention à l'œil entier. L'expression Tôzan no Metsuke, ou le regard sur les monts lointains exprime cette sensation.

Seme, la menace.

Seme, est induit par une posture parfaite, la verticalité du corps, des appuis solides, les bras souples, les épaules relâchées, le Hara en tension avec les hanches centrées vers l'adversaire. Mais la menace n'est pas seulement exprimée par le corps : elle l'est par la disposition de l'esprit qui l'habite et l'anime, même dans l'immobilité, c'est Fudo Shin ou l'esprit immuable, esprit sans contrainte ou sans arrière-pensée. Metsuke exprime Fudo Shin, et il ne peut y avoir de Seme sans Metsuke. C'est un jeu subtil ou l'on doit voir son adversaire et percevoir ses intentions tout en cachant les siennes aux yeux de celui-ci. Seme permet donc de prendre l'ascendant sur l'adversaire.

Zanchin, l'esprit vigilant.

Le terme Zanshin signifie vigilance envers l'adversaire. C'est une attitude importante dans le Kendo et dans le Iaido. Après un coup ou une coupe, et bien qu'immobile, le pratiquant doit demeurer constamment dans un état physique et mental lui permettant de se mobiliser à nouveau si nécessaire. La posture, la garde adoptée, le placement du regard exprime la tension de l'esprit portée à l'attention. C'est une pleine et entière communication non verbale.

残心

Zanshin

4° Partie

Techniques.

Waza (technique, pratique)

Le sommet de la montagne.

2001.

Un jeune élève demande un jour au Maître :

« Maître, serai-je maître à mon tour lorsque j'aurai atteint le sommet de la montagne?
- Non, répond le maître.
- Alors, serai-je maître à mon tour lorsque je connaîtrai tous ses sentiers ?
- Non plus, répond le maître.
- Maître, quand pourrais-je devenir maître à mon tour ?
- Lorsque tu connaîtras ses sentiers, tu iras au sommet... commence à répondre le maître.
- Deviendrai-je alors maître ? interrompt l'élève impatient.
- Non, répond encore le maître d'une voix calme, lorsque tu seras au sommet, tu verras l'horizon...
- Deviendrai-je alors maître ?
- Non, répond le maître toujours aussi calme, lorsque tu verras l'horizon, il te faudra redescendre. Et tu pourras alors commencer à chercher ta propre montagne. »

Mokuso.

Janvier 2012.

Moku : se taire ou garder le silence / So : idée ou pensée.

" Assis en Seïza le dos droit, les yeux fermés, main gauche dans la main droite devant le Hara, le pratiquant inspire et expire lentement. À chaque expiration, il vide son esprit de toutes les pensées qui l'assaillent. Petit à petit, tracas et vicissitudes de la vie courante sont mis à distance. Toutes formes de pensées et de visions s'effacent aussitôt qu'elles apparaissent. L'esprit calme, un état de vide et de "non-pensée" semble maintenant atteint.
« Mokuso Yame ! » lancé par le Sempaï le rappelle ici et maintenant, il ouvre les yeux centré sur soi, ouvert et prêt à recevoir l'enseignement du maître. "

Traditionnellement en Budo, Le Reishiki ou Reigisaho, protocole d'étiquettes, accorde un temps au Mokuso, traduit parfois par Respiration, Concentration, Méditation. C'est ce moment où le pratiquant assis en Seïza fait en sorte de calmer son esprit et de trouver calme et sérénité. L'exercice se base en grande partie sur la respiration abdominale, main gauche dans la main droite devant le Hara pour signifier qu'il est en recherche.
Dans le Zen, l'assise est Zazen, dans le bouddhisme c'est en « tailleur » comme les statues de bouddha ou les Yogi.

D'après Inoue Yoshihiko, 8° Dan Hanshi de Kendo :
« Il y a dans le Mikkyō, le bouddhisme ésotérique, de nombreuses méthodes différentes de méditation. La méthode où l'on s'assoit calmement et médite semble très similaire à celle utilisée dans le zen. Il existe pourtant des différences fondamentales entre les deux. Le but de Zazen est de libérer l'esprit des liens créés par toute forme de pensée, d'objet ou de vision, aussi sacrées qu'elles puissent être. On aspire à atteindre un état de "non-pensée" ou de vide. La méditation dans le bouddhisme ésotérique, d'un autre côté,

implique de concentrer son esprit sur une sorte de «sujet méditatif», comme le Mandala susmentionné. J'ai entendu une autre explication qui indiquait qu'en méditation Mikkyō, les pratiquants s'efforcent de faire de leur Ki une partie du cosmos supérieur, alors qu'en Zazen, les pratiquants essayent de concentrer leur Ki en bas dans la terre.»

D'après Taisen Deshimaru dans « Zen et Arts Martiaux », parlant de Zazen mais cela s'applique aussi à Seïza :
« ... l'expiration crée la liaison qui équilibre la conscience et la posture. Cette activité déclenche l'impulsion équilibrante entre les muscles, les nerfs, l'hypothalamus et le thalamus. »
« Entre l'esprit et le corps, l'esprit et la posture, l'esprit et la technique, la respiration établit la liaison. Finalement, posture et respiration s'unifient. La respiration devient Ki (l'énergie, le ressort), comme le Ki d'Aïkido. »

Mokuso doit ramener la conscience et le corps sur le même point de concentration, main gauche représentant Zenjō, l'état méditatif, dans la main droite symbolisant Hannya, la sagesse.

Mokuso

Apprendre à marcher avant de... courir ?
Non : de Pratiquer !

Décembre 2010.

Vous connaissez sûrement le terme Aruki Kata qui signifie « la marche » et qui fait partie des notions et qualités à parfaire. Mais avez-vous entendu parler du « Namba Aruki » ?

Yoshinori Kono Senseï, Budō-Ka émérite bien connu au japon, explique que la marche Namba fut abandonnée lors de la transformation de la formation militaire calquée sur le modèle européen. Il explique que la marche constitue une des activités principales pour l'Homme et que la musculature des japonais fut modifiée. Les techniques ancestrales s'en trouvent amoindries parce qu'elles ont été conçues sur une utilisation différente du corps. Ainsi dans les Nihon Bujutsu*, on ne vrille jamais le corps ou plus exactement la colonne vertébrale comme dans la marche où l'on balance le bras opposé à la jambe engagée.
Cet exemple est magnifiquement illustré dans le film « La Servante et le Samouraï » de Yoji Yamada. Certes, les samouraï n'étaient pas rapides à la course à pied. Dans le japon ancien, la façon de marcher n'était pas la même selon la classe à laquelle on appartenait. Certains espions maîtrisaient plusieurs marches afin de se déguiser en marchand ou en paysan.

Le Iaïdo insiste sur le placement du corps. Les critères observables sont l'orientation des hanches et la direction des pieds : hanches face à l'adversaire, imaginaire en Iaïdo, et pieds dans la direction de l'action. Idem, en Kendo, où le Okuri Ashi** comme le Ki-Ken-Taï*** sont étudiés avec persévérance.

Combien de fois ai-je repris mes élèves sur le positionnement pied arrière ? À trop regarder devant, la plupart des écoles ont oublié leurs arrières, leur passé, leurs origines et parfois même leurs fondements. Lorsque j'ai pris connaissance des articles de Léo Tamaki sur Kono Senseï (que Léo Tamaki soit mille fois remercié pour cela), ses explications m'ont éclairé en justifiant la nécessite du placement du pied arrière : non seulement pour la technique, mais encore pour son efficacité, sans oublier le contexte culturel et historique dans lesquels elle a été forgée.

Bien que cet aspect soit plus que rarement évoqué, le Shikko**** de l'Aïkido oblige à maintenir l'axe de la colonne vertébral, évite sa vrille et coordonne la latéralisation du placement de bras avec les hanches. Plus on progresse et plus on apprend à engager les hanches maintes fois lors de ces déplacements. C'est bien mais ce n'est pas suffisant : il reste à appliquer le placement judicieux des pieds en concordance avec l'engagement des hanches afin de retrouver l'essence du Namba Aruki et le potentiel d'efficacité des techniques.

    *   techniques de combat japonaises
    **   pas dit glissé
    ***   action synchronisée avec l'énergie, le sabre et le corps
    ****   déplacement à genoux pour le travail du Suwari Waza (techniques où les deux partenaires sont à genou) et du Hanmi Handachi Waza (techniques à genou contre un attaquant debout)

Kokyu Nage.

Février 2006.

Kokyu Nage est un terme générique qui désigne un ensemble de projections. Kokyu est souvent traduit par respiration, échange, rythme, coordination ou encore mouvement du corps suivant le Ki. C'est l'étude de ce principe qui est proposée fréquemment en fin de séance dans Kokyu Ho.

Kokyu Nage est en fait plus un principe qu'une technique particulière. Une caractéristique observable du Kokyu Nage est qu'il n'y a pas de contrainte articulaire exercée sur Uke : le rythme d'exécution est alors essentiel.
En premier lieu, Tori doit « prendre Uke » en s'assurant que la saisie de celui-ci est conservée ou en s'harmonisant à la vitesse d'attaque lorsque celle-ci est portée. Il s'agit ensuite de créer et gérer le déséquilibre de Uke sans temps d'arrêt car il doit être maintenu de la prise de contact à la projection finale.
Ceci sous-entend une relative maîtrise des déplacements et placements de Tori qui amplifiera et guidera ce déséquilibre en propulsant Uke vers une projection.
La « propulsion » peut être d'une puissance déconcertante lorsqu'elle s'accompagne d'un déplacement synchronisé et d'autant plus lorsque Tori est exercé à « se centrer » et à « pulser » son énergie, son Ki.

La notion de Kokyu est si grande qu'il est impossible d'y répondre en quelques lignes.

Nous retrouvons en Aïkido ce terme combiné avec d'autres :
Kokyu Ryoku : force développée par une bonne utilisation du Kokyu.
Shin Kokyu: désignant le principe du Kokyu qui comprend l'échange, la respiration, l'inspire et l'expire, l'ouverture et la fermeture, le flux et le reflux, In et Yo (Yin et Yang en chinois).

Kokyu Nage englobe alors d'autres principes : Ma-Aï, De-Aï, Taï Atari, Ki Musubi, Ki Nagare... À vos lexiques !

Relation Uke - Tori.

Mai 2005.

Une des spécificités de la pratique de l'Aïkido est l'absence de compétition. De cette situation naît une relation particulière, où l'adversaire s'efface pour devenir partenaire.

Cette situation est souvent ambiguë pour le débutant ou le néophyte qui s'attend à une relation d'opposition propre au sport de combat. Cependant, même pour le pratiquant plus avancé, le rôle de Uke (celui qui attaque et reçoit la technique) reste parfois flou, amenant excès ou absence de réactivité. La relation Uke / Tori est en effet particulière en Aïkido. Elle répond à la philosophie et au mode de travail basé sur un échange constructif visant à l'amélioration et la progression technique, plutôt que la volonté d'être le plus fort en combat.

Le premier rôle du Uke est d'attaquer selon le mode choisi. Cette attaque servira donc à Tori pour exécuter et perfectionner les techniques, à charge pour lui de respecter l'intégrité physique comme morale du Uke. Il s'agit donc de permettre à Tori de construire sa technique mais aussi de construire une réaction corporelle adaptée à la technique pour Uke, lui permettant de subir en minimisant les risques de blessures.
Ceci sous-entend une adaptabilité de la pratique en fonction du niveau technique de Tori et Uke et c'est toujours au plus gradé de prendre soin de son cadet.

Lorsque Uke est le plus gradé, il doit adapter son attaque et suivre la technique de Tori, il peut ainsi la guider sans la précéder et, sauf indication contraire, s'y soumettre. Cet aspect est sûrement le plus difficile pour Uke parce qu'il suppose une abnégation du niveau technique du Uke devant se rabaisser au niveau de Tori. Pourtant ceci élève le niveau d'adaptation et permet une « distorsion » du temps qui rend possible une décomposition du travail et par-là même son perfectionnement.

Lorsque Uke est moins gradé, il doit donner le maximum de ses capacités et faire confiance à Tori qui en retour se doit de travailler en adaptant sa technique toujours dans le respect d'intégrité.

La plupart du temps l'étude se fait selon le mode Ippan Keiko (pratique usuelle), mais nous pouvons varier le travail en Ju no Keiko (pratique très souple) ou en Go no Keiko (pratique dure) où les comportements de Uke seront alors différents. Cette diversification du travail doit alors permettre un enrichissement du répertoire comportemental.

La permutation des rôles et l'étude de la technique sous les deux aspects sont indispensables et indissociables. Ce que nous enseigne l'Aïkido, c'est que nous ne sommes rien sans l'autre, sans un Uke pour nous permettre de progresser. Et Progresser dans son rôle de Uke, c'est progresser doublement sur la voie Aïki.

Uke

Omote et Ura.

Février 2005.

L'Aïkido nous invite à laisser passer la force de l'attaquant par un mouvement d'esquive (Ura) ou à la retourner contre celui qui l'a produite (Omote).

Si Ura est plus accessible pour le débutant, il n'en reste pas moins un principe parfois difficile à maîtriser parce qu'il ne s'agit pas simplement de sortir de la ligne d'attaque mais encore d'emmener et contrôler Uke dans un mouvement circulaire.
Omote nous apprendra à nous positionner de manière subtile parce qu'il ne s'agit pas de faire preuve de force en s'opposant et repoussant l'attaque de Uke. L'expérience acquise dans Ura avec le travail du pivot du bassin permet d'envisager une absorption qui guidera la force d'attaque dans un mouvement de « reflux de vague » et la renverra dans une autre direction.

Si nous constatons que la phase de placement par rapport à l'attaque détermine le choix du principe à appliquer, nous ne pouvons pas cependant réduire les différences de ces deux principes uniquement sur l'observation des déplacements et placements. Parfois, les techniques prennent des formes spécifiques selon le principe utilisé, comme Nikyo Ura ou Shiho Nage Ura en mode Hanmi Handachi Waza.
Omote et Ura sont comme les cotés pile et face d'une même pièce de monnaie. Tout comme le symbole In et Yo (Yin, Yang en chinois), une technique contient de l'Omote dans Ura et vice versa. Au-delà, certaines formes techniques utilisent plus un principe que l'autre, et bien que cela n'apparaisse pas dans la nomenclature technique «officielle», nous pouvons distinguer les spécificités des formes Omote/Ura pour des techniques comme Irimi Nage ou Kote Gaeshi.

L'étude des principes Omote et Ura permet une meilleure compréhension des techniques et une meilleure réalisation dans les différents modes d'application.

Taï Sabaki.

Octobre 2004.

Déplacement d'esquive par excellence, Taï Sabaki est très spécifique dans la pratique de l'Aïkido.

De prime abord, le mouvement n'est pas très compliqué en soi et nous pouvons le décomposer en trois temps : suite à la position de départ, avancer un pas, pivoter sur place et reculer la jambe.

La mise en pratique laisse vite apparaître des objectifs plus élevés : rendre le déplacement linéaire, garder son équilibre lors du pivot, conserver l'intention d'aller vers l'avant après le changement de direction, reculer la jambe en conservant l'intention vers l'avant avec la jambe avant fléchie.

La mise en application sur des attaques comme Yokomen Uchi est moins aisée pour le débutant ,et le pratiquant plus avancé prend conscience du travail à accomplir pour gagner en rapidité comme en efficacité.

Taï Sabaki permet aussi d'entrer à l'intérieur de l'attaque, la laissant se déployer tout en la contrôlant. Cette « traversée » doit nous amener vers un positionnement centré et stable, étape essentielle pour le bon déroulement de la technique qui suivra.

Décomposé, Taï Sabaki laisse apparaître Taï No Henka, qui est le pivot sur place. L'enchaînement Henka avec le retrait de la jambe s'appelle tout simplement Tenkan.

Art du Ukemi.

Décembre 2004.

Dans l'esprit du Judo des origines, il est dit que la chute est une mort symbolique dont on se relèvera grandi. Mais en combat, chuter : c'est perdre. La différence en Aïkido est que chuter n'est pas perdre, chuter c'est accepter de se sortir indemne d'une technique. Et se sortir indemne n'est pas mourir: c'est vivre.

Uke (celui qui subit la technique) développe ainsi l'art du Ukemi, que l'on traduit aussi par brise-chute.
Ukemi s'écrit Uke : celui qui reçoit et Mi : le corps, Ukemi : c'est plus exactement la forme de corps. Ainsi il ne s'agit pas seulement de chuter mais aussi de se mouvoir judicieusement. On peut donc parler d'Ukemi lorsqu'il s'agit d'accepter, parce que contraint ou invité, la conduite au sol et l'immobilisation qui suivra.
Il y a donc une part active d'acceptation de Uke dans la réalisation de l'Ukemi, par soucis du respect de l'intégrité vis à vis de soi-même. Cet aspect est souvent mal compris du débutant ou de pratiquants d'autres Budō qui travaillent sur l'adversité et non sur un partenariat.

En Aïkido, le pratiquant se doit de construire une gestuelle qui lui permettra de subir les techniques en limitant les risques de blessure.
Cela commence par l'apprentissage de la brise-chute arrière, puis celle vers l'avant. Au delà, il faudra apprendre à bien se positionner pour pouvoir conserver une saisie, un point de contact ou encore pour limiter un risque d'Atémi de la part de son partenaire.
L'Ukemi est ainsi une capacité que l'on va développer progressivement et qui va éduquer notre gestuelle dans un but de préservation de l'intégrité physique. Cette capacité est alors tout aussi importante que l'apprentissage des techniques, elle lui est d'ailleurs complémentaire.

Uke forme alors avec Tori (celui qui réalise la technique) les deux faces indissociables de la pratique de l'Aïkido.

Uchidachi, l'essence du rôle de Uke dans l'Aïkido.

Novembre 2012.

Les rôles de Tori et Uke sont trop souvent mal compris (j'utilise ici le verbe comprendre dans le sens de son étymologie : prendre avec soi) et beaucoup préfèrent le rôle de celui qui fait la technique. C'est ainsi que l'on passe à coté de l'essence du Budō.

Certes, il n'est ni confortable ni agréable de se faire tordre les poignets, ou de se faire projeter sans ménagement alors que l'on prête son corps à l'autre dont on s'attend par définition à ce qu'il fasse preuve de bienveillance. J'ai pour ma part subi un grave dommage en prêtant mon bras pour un Shiho Nage à un partenaire pourtant plus gradé qui, faute de ne pas réussir sa technique, a tout bonnement failli réussir à m'arracher l'avant-bras.

Il ne devrait y avoir qu'une période où le risque est augmenté : celle du débutant à qui l'on doit faire comprendre qu'il est plus que nécessaire de réaliser les techniques sans forcer les mouvements pour une raison majeure qui est de garantir la sécurité. Ce principe acquis, plus personne ne devrait utiliser une force brutale, ni forcer un mouvement qui ne marche pas avec un partenaire. C'est ici que l'on distingue les pratiquants de Budō des abrutis (terme ici aussi employé dans le sens de l'étymologie) ou plus communément connus des " anthro-Do-pologues " sous le nom de " Brutus Vulgaris pratiquantus non sapiens ".

Dès la période du débutant passée, l'étude technique nous invite à une pratique dans le partenariat plutôt que dans l'adversité en jouant alternativement les rôles de défenseur et d'attaquant.

Dans les Koryu, dites écoles anciennes, et plus précisément dans le Ken-Jutsu, les rôles ne sont pas permutables. L'attaquant va favoriser l'apprentissage de la technique. Il va ainsi donner matière à travailler, tel un Sempaï envers son Kohaï (ancien, cadet). Ce rôle difficile est donc confié au pratiquant le plus chevronné qui prend le rôle d'instructeur. Il doit alors gérer plusieurs paramètres : sécurité, distance, tempo tout en s'adaptant aux progrès de l'élève. C'est le rôle de Uchidachi que l'on peut traduire par " attaquer le sabre ", et c'est un rôle de responsabilité.

Dans les Kihon Waza, c'est aussi le rôle du perdant. Il perd intentionnellement afin de développer les capacités de l'élève, ce qui implique retenue, humilité, bienveillance, abnégation et auto-sacrifice. À ce stade, on peut comprendre que les contraintes liées à ce rôle découragent le plus grand nombre. Pourtant, l'enseignement donné en tant que Uchidachi est rendu au centuple : pour les qualités humaines développées, pour l'esprit de pratique adoptée, et plus prosaïquement pour toutes les qualités développées par ce rôle comme la gestion accrue du Ma-Aï, la précision des gestes développée, la maîtrise de ses gestes et l'assimilation des principes, et encore, l'expérimentation diverse comme faire face au soleil, la gestion d'un espace restreint, l'augmentation de son état de vigilance souvent élargi aux groupes de pratiquants à proximité, et, d'une manière symbolique certes, le fait de faire face à la mort maintes et maintes fois. Ce rôle est un véritable Seishin Tanren, forge de l'esprit.

C'est ainsi que le rôle de Uke en Aïkido devrait être abordé, avec le même esprit, avec la même foi. Lorsque je vois un pratiquant gradé esquiver le salut d'un débutant, je sais qu'il n'est pas encore prêt et combien il est aveugle car le débutant est un joyau brut : être capable de réaliser parfaitement une technique, en respectant le cahier des charges, avec un débutant nécessite une grande maîtrise. Alors, esquivant ou craignant la difficulté, beaucoup passent à coté de cette chance offerte.

Tori n'est rien sans Uke. De même, la technique que l'on applique reste limitée si l'on ne " prend pas avec soi " le rôle de Uke.

Éditorial.

Mars 2012.

Le plaisir de la pratique est une source intarissable que l'on doit à l'éthique technique qui prédispose à un climat sain, mais aussi à l'échange de tous les pratiquants qui, dans leurs différences, convergent leur énergies dans une même direction.

De cet échange naît une étrange alchimie qui réactive les énergies internes, apaise les tensions musculaires, entretient le corps et libère l'esprit : que du plaisir en perspective !

Presque à en oublier la rigueur d'un entraînement martial : assiduité, effort, courage, progression... Allez, hop ! Direction les tatamis ! Le plaisir est au bout.

Longévité, un art de vivre son Budō.

Octobre 2011.

Une des finalités des Budō est de pouvoir pratiquer le plus longtemps possible comme nous l'ont montré certains "très grands maîtres". Certes il ne s'agit pas de vouloir prolonger la vie, mais de conserver le corps dans le meilleur état possible en évitant de le blesser comme de l'user trop vite.

Parallèlement, le travail de fond engendre une circulation subtile de l'Énergie, du Ki interne qui s'emplit du Ki universel et qui favorise cette conservation.
Ceci, bien que rarement expliqué, se met naturellement en place lorsque le corps est utilisé de manière souple et tonique, par opposition à rigide et en force.

Contrairement à la maxime "qui veut aller loin ménage sa monture", si le travail "corporel" n'est pas suffisant (paresse, mollesse) cette longévité ne sera jamais atteinte. Pour progresser il nous faut donc pratiquer intensément plutôt que raisonnablement, pour atteindre cette longévité recherchée, il nous faut alors pratiquer intensément mais avec raison.

Vous avez peut-être en mémoire une photographie de Sokaku Takeda alors âgé de plus de quatre-vingt ans et portant un pratiquant sur ses épaules. Cette photographie illustre une utilisation judicieuse du corps malgré un corps vieillissant.

Le long chemin.

2001.

L'élève demande au Maître :

« La route parait très longue, Maître. Aurai-je le temps de la parcourir dans ma vie ?
- Non, répond le maître.
- Ainsi, répond l'élève en soupirant, il est trop tard pour moi.
- Ce n'est pas cela, réplique aussitôt le maître. Même le vieillard qui s'y aventure a suffisamment de temps.
- Alors, comment dois-je faire pour la parcourir ? interroge l'élève plus enthousiaste.
- Tu ne pourras pas la parcourir, répond le maître, non pas parce que la route est longue, mais parce qu'elle est sans fin.
Et le maître poursuit:
- Voyager vite ne sert alors à rien. Voyage plutôt pleinement, et vis chaque instant présent. C'est seulement ainsi que tu pourras t'accomplir sur le chemin. »

Zen (Bouddhisme Zen, méditation, silence)

Conclusion.

Où mène la Voie ?

Décembre 2010.

L'élève interroge le maître:

« Où mène la Voie ? demande l'élève.
- Ici et nulle part, répond le Maître.
- Nulle part ! s'exclame l'élève interloqué.
- Nulle part, en effet. Mais c'est ici que la Voie te mènera plus tard, rajoute le Maître. »

Kuu (vide, vacuité)

Réflexions sur la Voie

La voie ouverte par le Dō nous mènera plus loin dans la connaissance de nous-même, de nos intentions et de nos actes, ainsi que du décalage qu'il existe entre ces trois axes. La perspective qui s'ouvre alors laisse souvent apparaître un vide profond que nous comblerons tout au long de notre progression.

L'alchimie, c'est qu'au travers de l'étude corporelle, les principes de travail débordent généreusement sur l'individu et ses comportements, l'obligeant parfois à certaines prises de conscience. L'esprit se nourrit alors et enrichit la personnalité propre de chacun. Les retours de bâton n'existent que parce que nous sommes décalés à plus ou moins fort degré entre notre reflet et nous-même, entre ce que nous croyons être et ce que nous sommes vraiment. Ce que nous croyons être n'a jamais eu aucun avenir, seul ce que nous sommes aujourd'hui a un devenir...

Persévérons sur le chemin.

Michi (chemin, route, rue)

Lexique

Aïki	Harmonisation des énergies
Aïkido	Voie de l'Aïki
Aïkikaï	Fondation mondiale de l'Aïkido, située à Tokyo
Atémi	Frappe
Battodo	Voie de la coupe au sabre
Bu-Jutsu	Art Guerrier, Techniques guerrières
Budō	Arts martiaux japonais, Voie martiale
Budō-Ka	Pratiquant du Budo
Bushi	Guerrier
Bushidō	Voie du Guerrier, préceptes du Bushi
Daïtō Ryu Aïki-Jujutsu	Art martial à l'origine de l'Aïkido
Dō	Voie, chemin
Dōjo	Lieu où l'on étudie la Voie
Gi	Technique
Gi	Tenue de pratique
Giri	Obligations "morales"
Hakama	Jupe-culotte portée dans tous les Budo traditionnels
Hara	Centre des énergies vitales situé au niveau du ventre
Iaïdo	Voie du sabre japonais
Ikkyo	Premier principe d'immobilisation en Aïkido
Irimi Nage	Technique de projection spécifique en Aïkido
Jodo	Voie du bâton court
Jutsu	Techniques
Kami	Autre prononciation de Shin = Dieu, esprit déïfié
Kamiza	Place du Kami dans le Dojo
Karaté-Ka	Pratiquant de Karaté
Keïko	Pratique (la). Entrainement
Ken	Sabre, épée
Ken-Jutsu	Techniques de sabre
Kendo	Voie du sabre utilisant des Shinaï
Ki	Énergie, Énergie Vitale
Ki-Aï	Cri libérant l'Énergie
Köan	Proverbes et objets de méditation
Kohaï	Le cadet, l'apprenti
Kokoro	Coeur. Esprit
Kokyu	Échange, Respiration, Force, Énergie
Kokyu Hoo	Exercice de Kokyu

Kokyu Nage	Technique de projection par Kokyu
Koryu	École ancienne
Kote Gaeshi	Technique de projection spécifique en Aïkido
Michi	Autre prononciation de Do. Indique un chemin
Mushin no Shin	Esprit sans esprit. Non-pensée
Nihon Bujutsu	Techniques japonaises de combat
Nikyo	Deuxième principe d'immobilisation en Aïkido
Nō	Théâtre japonais
Ô Senseï	Grand maître. Aïkido-Ka : Moriheï Ueshiba
Omote	Intérieur, positif
Reïgi Saho ou Reïshiki	Régles de comportement, d'étiquettes
Sado	Voie de la cérémonie du thé
Satori	Éveil spirituel, Vraie connaissance
Seishin Tanren	La forge de l'esprit
Seïza	Position assise à genoux
Sempaï	Ancien par opposition à Cadet
Senseï	Professeur, maître. Celui qui est né avant
Seppuku	Sacrifice par suicide, nommé à tort Hara Kiri
Shaolin	Temple chinois de la "petite forêt"
Shiaï	Combat dit de compétition
Shiho Nage	Technique de projection spécifique en Aïkido
Shin	Esprit, Dieu. Coeur
Shinaï	Sabre en bambou
Shintō	Voie des dieux (Kami)
Shitachi	L'élève en Ken-Jutsu
Shizeï	Attitude corporelle comme mentale
Shizentai	Position naturelle du corps
Shodo	Art de la calligraphie
Taï	Corps
Taï Chi	Art Chinois visant à développer le Ki (Qi)
Taï Sabaki	Déplacement, le plus souvent avec pivôt
Tao	Voie, Chemin. Équivalent du Dō
Tao	Notion du Taoïsme, englobe Yin et Yang.
Tori	Celui qui agit, celui qui exécute la technique
Uke	Celui qui attaque, celui qui reçoit la technique
Ukemi	Brise-chutes. Formes corporelles adoptées
Ura	Extérieur, Négatif. Caché
Ushitachi	Élève gradé, en Ken-Jutsu
Yokomen Uchi	Attaque latérale au niveau de la tête
Zazen	Posture assise adoptée dans le Zen
Zen	Philosophie. Tout, Totalité